Cidadania e classe social

FUNDAÇÃO EDITORA DA UNESP

Presidente do Conselho Curador
Mário Sérgio Vasconcelos

Diretor-Presidente
Jézio Hernani Bomfim Gutierre

Superintendente Administrativo e Financeiro
William de Souza Agostinho

Conselho Editorial Acadêmico
Danilo Rothberg
Luis Fernando Ayerbe
Marcelo Takeshi Yamashita
Maria Cristina Pereira Lima
Milton Terumitsu Sogabe
Newton La Scala Júnior
Pedro Angelo Pagni
Renata Junqueira de Souza
Sandra Aparecida Ferreira
Valéria dos Santos Guimarães

Editores-Adjuntos
Anderson Nobara
Leandro Rodrigues

T.H. MARSHALL
TOM BOTTOMORE

Cidadania e classe social

Tradução
Luiz Antonio Oliveira de Araújo

Citizenship and Social Class

© 1987 T. H. Marshall and Tom Bottomore
First published by Pluto Press, London.
www.plutobooks.com

© 2021 Editora Unesp

Direitos de publicação reservados à:
Fundação Editora da Unesp (FEU)
Praça da Sé, 108
01001-900 – São Paulo – SP
Tel.: (0xx11) 3242-7171
Fax: (0xx11) 3242-7172
www.editoraunesp.com.br
www.livrariaunesp.com.br
atendimento.editora@unesp.br

Dados Internacionais de Catalogação na Publicação (CIP) de acordo com ISBD
Elaborado por Vagner Rodolfo da Silva – CRB-8/9410

M367c

Marshall, T.H.
    Cidadania e classe social / T.H. Marshall, Tom Bottomore; traduzido por Luiz Antônio Oliveira de Araujo. – São Paulo: Editora Unesp, 2021.

    Tradução de: *Citizenship and social class*
    Inclui bibliografia.
    ISBN 978-65-5711-038-6

    1. Sociologia. 2. Economia. 3. Política. 4. Justiça social. 5. Liberalismo. 6. Estado de bem-estar social. I. Bottomore, Tom. II. Araujo, Luiz Antônio Oliveira de. III. Título.

2021-1137   CDD 300
                                                                               CDU 3

Editora afiliada:

Asociación de Editoriales Universitarias
de América Latina y el Caribe

Associação Brasileira de
Editoras Universitárias

Sumário

Preâmbulo de Robert Moore . 7

Prefácio de Tom Bottomore . 9

Parte I – **Cidadania e classe social** . 11
T. H. Marshall

1 O problema anunciado com a assistência de Alfred Marshall . 13

2 O desenvolvimento da cidadania até o fim do século XIX . 23

3 O primeiro impacto da cidadania sobre a classe social . 41

4 Os direitos sociais no século XX . 61

5 Conclusões . 91

Parte II – *Cidadania e classe social*, quarenta anos depois . *103*
  Tom Bottomore

1 Cidadãos, classes e igualdade . *105*

2 Capitalismo, socialismo e cidadania . *111*

3 Novas questões de cidadania . *129*

4 Classes cambiantes, doutrinas cambiantes . *145*

5 Uma espécie de conclusão . *165*

Referências bibliográficas . *183*

Índice remissivo . *189*

Preâmbulo

Pode parecer perverso incluir o ensaio seminal sobre cidadania de 1950 de T. H. Marshall em uma série de livros dedicados a uma análise crítica da obra da Nova Direita nas décadas de 1970 e 1980. Mas, se houve um alvo central para a Nova Direita, foi a ideia de cidadania. Ninguém optou por confrontar diretamente o trabalho de Marshall, mas a extensão crescente em que Marshall tem sido discutido e anotado nas últimas duas décadas é evidência suficiente da sua influência.

Para a Nova Direita autoritária, da qual o Peterhouse Group e os autores da *Salisbury Review* seriam típicos, a ideia de cidadania é um absurdo liberal que dá às pessoas ideias acima da sua posição na sociedade. Isso leva os subalternos a deixarem de pensar como subalternos e a se acreditarem pessoas dotadas de direitos, em vez de sujeitas à obrigação de ser governadas. Eles deploram as revoluções americana e francesa, que celebraram a cidadania. Consideram o liberalismo mais perigoso que o marxismo por ser menos evidentemente absurdo (na visão deles) e contém ideias sedutoras de liberdade individual e direitos cívicos.

Para a Nova Direita libertária, a cidadania pressupõe um corpo de direitos que transcendem e modificam as relações de mercado, um artigo de fé central na argumentação de Marshall.

Para os libertários, variando desde o Adam Smith Institute até o Institute for Economic Affairs, o Estado deveria funcionar unicamente para manter o primado da lei e a moeda. As relações entre os indivíduos deviam ser governadas pelo mercado, com recurso à lei somente se este causar dano. Todas as formas de coletivismo solapam o mercado e, quando o Estado procura ab-rogar isso tentando agregar as milhões de necessidades individuais que deviam ser mediadas pelo mercado, advêm o caos e a tirania política. Para Marshall, domar as forças do mercado era uma precondição essencial para uma sociedade justa.

A noção de cidadania de Marshall tem sido um marco na sociologia e na política social do pós-guerra e a sua importância cresceu em vez de diminuir nos anos desde que *Cidadania e classe social* foi publicado pela primeira vez. É um momento oportuno para fazer que o ensaio original volte a ficar amplamente disponível.

Robert Moore
Liverpool, agosto de 1991

Prefácio

É um prazer especial escrever o ensaio complementar sobre cidadania e classe social para este volume. As ideias que T. H. Marshall expôs e as questões que levantou, na sua monografia de 1950, são hoje tão vitais quanto sempre, e os seus escritos continuam a influenciar os estudos sociais em muitos países. Com efeito, as referências a eles parecem se multiplicar com o passar dos anos. A minha própria obra nesses campos sempre foi influenciada pela minha prolongada associação com ele, como colegas na London School of Economics a partir de 1952, depois de modo diferente quando ele foi diretor do Social Sciences Department na Unesco (1956-1960); e eu, secretário executivo da International Sociological Association (ISA), e finalmente durante sua muito ativa aposentadoria, nos primeiros anos da qual ele presidiu a ISA (1959-1962) e também teve um papel importante no estabelecimento da sociologia em Cambridge.

Anos depois, quando Marshall voltou a atenção principalmente para questões mais pormenorizadas do bem-estar social, nas edições sucessivas do seu muito lido e muito influente livro

Política social, tornei a aprender muito nas discussões com ele e, não menos importante, com a maneira como ele relacionava sistematicamente questões de bem-estar com a estrutura social mais ampla em ensaios sobre o capitalismo do bem-estar, a economia mista e o socialismo. Revendo a sua obra, parece-me que ela tem três características distintas e admiráveis. Primeiramente, a clareza e a elegância da exposição (qualidade bem rara entre os cientistas sociais); em segundo lugar, o seu modo cauteloso e crítico de analisar importantes tendências sociais e questões de formação de política; e, em terceiro, a expressão contida, mas muito visível, de esperança na possibilidade de alcançar mais justiça social.

O próprio Marshall, em uma memória sobre a sua carreira publicada no *International Social Science Journal* (v.XXV, n.1-2, 1973), escreveu a respeito do valor da sociologia como parte de uma educação liberal. A sua própria obra foi uma importante contribuição para tal educação e, em sentido mais amplo, para o processo de criação de uma sociedade mais humana e civilizada. Os sociólogos da geração atual ainda têm muito que aprender com ele.

Tom Bottomore
Agosto de 1991

Parte I
Cidadania e classe social

T. H. Marshall

1
O problema anunciado com a assistência de Alfred Marshall

O convite para ministrar estas palestras[1] encheu-me de prazer tanto pessoal como profissional. Contudo, embora a minha reação pessoal tenha sido de sincera e modesta gratidão por uma honra que eu não tinha o direito de esperar, a minha reação profissional nada teve de modesta. No meu entender, a sociologia tinha todo o direito de exigir uma parte nesta comemoração anual de Alfred Marshall, e considerei um sinal de benevolência esta universidade, mesmo que ainda não tenha aceitado a sociologia como coabitante, se dispor a dar-lhe as boas-vindas como visitante. Pode ser – e a ideia não deixa de ser inquietante – que a sociologia esteja sendo julgada aqui na minha pessoa. Se assim for, tenho certeza de poder contar com a escrupulosa justiça do seu julgamento, e considerar qualquer mérito que vocês porventura encontrarem como prova do valor acadêmico do tema que eu professo, ao passo que tratarão tudo quanto nelas lhes parecer reles, corriqueiro ou malconcebido

---

[1] As Palestras Marshall, Cambridge, 1949.

como o produto das minhas qualidades peculiares, que não são encontradas em nenhum dos meus colegas.

Não vou defender a relevância da minha disciplina nesta ocasião reivindicando Marshall como sociólogo. Pois, quando abandonou os seus primeiros amores – a metafísica, a ética e a psicologia –, ele dedicou a vida ao desenvolvimento da economia como uma ciência independente e à perfeição dos seus próprios métodos especiais de investigação e análise. Escolheu de caso pensado um caminho consideravelmente diferente do trilhado por Adam Smith e John Stuart Mill, e o estado de ânimo com que fez essa escolha está indicado na palestra inaugural que ministrou aqui em Cambridge em 1885. Falando na crença de Comte em uma ciência social unificada, ele disse: "Sem dúvida, se isso existisse, a economia encontraria alegremente abrigo sob a sua asa. Mas não existe; não dá sinais de vir a existir. É inútil esperar futilmente que exista; cabe-nos fazer o que podemos com os nossos recursos atuais."[2] Por isso ele defendeu a autonomia e a superioridade do método econômico, superioridade essa devida principalmente ao seu uso da régua do dinheiro, a qual "tanto é a melhor medida dos motivos que nenhuma outra pode competir com ela".[3]

Marshall era, como vocês sabem, um idealista; tanto que Keynes o considerava "excessivamente ansioso por fazer o melhor".[4] A última coisa que desejo fazer é reivindicá-lo para a sociologia por esse motivo. É verdade que alguns sociólogos sofrem de uma aflição de benevolência parecida, muitas

---

2 Pigou (Org.), *Memorials of Alfred Marshall*, p.164.
3 Ibid., p.158.
4 Ibid., p.37.

vezes em detrimento do seu desempenho intelectual, mas eu não gostaria de distinguir o economista do sociólogo dizendo que um deve ser regido pela cabeça, ao passo que o outro pode ser governado pelo coração. Pois todo sociólogo honesto, como todo economista honesto, sabe que a escolha dos fins ou ideais está fora do campo da ciência social e dentro do campo da filosofia social. Mas o idealismo tornou Marshall apaixonadamente ávido por colocar a ciência econômica a serviço da política, usando-a – como a ciência pode legitimamente ser usada – para desnudar toda a natureza e todo o conteúdo dos problemas com os quais a política tem de lidar e avaliar a eficácia relativa dos meios alternativos para a realização de determinados fins. E ele se deu conta de que, até mesmo no caso daquilo que naturalmente seria encarado como um problema econômico, a ciência da economia não era, por si só, capaz de prestar plenamente esses dois serviços. Porque eles envolviam a consideração de forças sociais que são tão imunes ao ataque da fita métrica do economista quanto a bola de croqué aos golpes que, em vão, Alice tentava dar com a cabeça do seu flamingo. Talvez fosse por isso que, em certos estados de espírito, Marshall sentisse uma decepção injustificável com as suas realizações e até manifestasse arrependimento de ter preferido a economia à psicologia, ciência que podia tê-lo aproximado da pulsação e do sangue vital da sociedade e lhe dado uma compreensão mais profunda das aspirações humanas.

Seria fácil citar muitas passagens nas quais Marshall era levado a falar nos fatores elusivos de cuja importância ele estava tão firmemente convencido, mas prefiro restringir a minha atenção a um ensaio cujo tema muito se aproxima do que eu escolhi para estas palestras. Trata-se de um artigo que ele leu para o Cambridge Reform Club em 1873 sobre *O futuro das classes trabalhadoras*, e foi republicado no volume memorial editado pelo professor Pigou. Há algumas diferenças textuais entre as duas edições, que, na minha opinião, devem ser atribuídas a correções feitas pelo próprio Marshall depois que a versão original foi impressa como panfleto.[5] Quem me lembrou desse artigo foi o meu colega professor Phelps Brown, que o utilizou na sua palestra inaugural em novembro passado.[6] É igualmente adequado ao meu propósito hoje, porque, ao examinar uma faceta do problema da igualdade social do ponto de vista do custo econômico, Marshall chegou à fronteira além da qual fica o território da sociologia, atravessou-a e fez uma breve excursão do outro lado. Pode-se interpretar o seu ato como um desafio à sociologia para que enviasse um emissário ao seu encontro na fronteira e a ele se unisse na tarefa de transformar a terra de ninguém em terreno comum. Fui presunçoso o suficiente para aceitar o desafio, propondo-me a viajar, na qualidade de historiador e sociólogo, até um ponto na fronteira econômica desse mesmo tema geral, o problema da igualdade social.

Nesse artigo de Cambridge, Marshall perguntou "se há fundamento válido para a opinião segundo a qual a melhoria das classes trabalhadoras tem limites que não se pode ultrapassar". "A questão", disse ele, "não é se todos os homens um dia serão iguais – isso eles certamente não serão –, mas o progresso não pode prosseguir de forma constante, ainda que lentamente,

---

5 Marshall, *The Future of the Working Classes*, impressão privada de Thomas Tofts. As referências de página são a essa edição.
6 Brown, publicado com o título "Prospects of Labour", *Economica*, New Series, v.16, n.61, p.1-10, fev. 1949.

até que, pelo menos pela ocupação, todo homem seja um cavalheiro. Eu considero que isso pode e vai acontecer".[7] A sua fé se baseava na crença em que a característica distintiva das classes trabalhadoras era o trabalho pesado e excessivo, e que o volume de tal trabalho podia ser enormemente reduzido. Olhando à sua volta, ele encontrou indícios de que os artesãos qualificados, cujo trabalho não era mortificante nem destruidor de almas, já estavam se alçando à condição que ele previa como a derradeira conquista. Eles estão aprendendo, dizia, a valorizar a educação e os momentos de lazer mais do que "o mero aumento dos salários e os confortos materiais". Estão "desenvolvendo continuamente a independência e um respeito varonil por si próprios e, portanto, um respeito cortês pelos outros; estão aumentando continuamente a sua compreensão de que eles são homens, não máquinas de produção. Estão continuamente se tornando cavalheiros".[8] Quando o avanço técnico tiver reduzido o trabalho pesado a um mínimo, e esse mínimo estiver dividido em pequenas quantidades entre todos, então, "na medida em que as classes trabalhadoras são homens que têm um trabalho excessivo a fazer, nessa medida as classes trabalhadoras terão sido abolidas".[9]

Marshall percebeu que podia ser acusado de adesão às ideias dos socialistas, cujas obras, como ele próprio nos contou, havia, naquele período da vida, estudado com grandes esperanças e decepção maior ainda. Pois disse: "A imagem a ser desenhada se parecerá, em alguns aspectos, com as que nos têm

---

7 Marshall, op. cit., p.3, 4.
8 Ibid., p.6.
9 Ibid., p.16.

mostrado os Socialistas, aquela nobre agremiação de entusiásticos ignorantes que atribuíam a todos os homens uma capacidade ilimitada de abnegadas virtudes que eles encontravam no seu próprio peito".[10] Sua resposta era que o seu sistema diferia fundamentalmente do socialismo porque preservaria os elementos essenciais do livre mercado. Entretanto, para que os seus ideais se realizassem, Marshall acreditava que o Estado teria de recorrer um pouco ao seu poder de coerção. Teria de obrigar as crianças a irem à escola, porque os analfabetos não sabem apreciar e, portanto, escolher livremente as coisas boas que distinguem a vida do cavalheiro da das classes trabalhadoras. "Ele é obrigado a forçá-los e a ajudá-los a dar o primeiro passo para o alto; e é obrigado a ajudá-los, se eles quiserem, a dar muitos passos para o alto."[11] Observe que só o primeiro passo é compulsório. A livre escolha se encarrega de tudo assim que for criada a capacidade de escolher.

O artigo de Marshall erigiu-se em torno a uma hipótese sociológica e a um cálculo econômico. O cálculo forneceu a resposta à sua pergunta inicial, mostrando que se podia esperar que os recursos e a produtividade do mundo se mostrassem suficientes para fornecer as bases materiais capazes de possibilitar que todo homem fosse um cavalheiro. Em outras palavras, o custo de oferecer educação a todos e de eliminar o trabalho

---

10 Ibid., p.9. A versão revisada dessa passagem é significativamente diferente. Diz: "A imagem a ser desenhada se parecerá em muitos aspectos com as que nos mostraram alguns socialistas, que atribuíam a todos os homens [...]" etc. A condenação é menos abrangente e Marshall já não fala nos socialistas como um todo e com "S" maiúsculo, no pretérito (Pigou, op. cit., p.109).

11 Marshall, op. cit., p.15.

pesado e excessivo podia ser coberto. Não havia nenhum limite intransponível para o melhoramento das classes trabalhadoras – pelo menos desse lado do ponto que Marshall descrevia como a meta. Ao calcular esses valores, ele se servia das técnicas comuns do economista, embora, reconhecidamente, as aplicasse a um problema que envolvia um alto grau de especulação.

A hipótese sociológica não fica tão completamente na superfície. É preciso escavar um pouco para descobrir a sua forma total. A essência disso está contida nas passagens que citei, porém Marshall nos dá uma pista adicional ao sugerir que, quando dizemos que um homem pertence às classes trabalhadoras, "pensamos no efeito que o seu trabalho produz sobre ele, não no efeito que ele produz sobre o seu trabalho".[12] Esse decerto não é o tipo de definição que esperaríamos de um economista, e, na verdade, dificilmente seria justo tratá-la como uma definição ou submetê-la a um exame rigoroso e crítico. A frase tinha o objetivo de impressionar e mostrar a direção geral em que se locomoviam os seus pensamentos. E essa direção estava longe de uma avaliação quantitativa dos padrões de vida em termos de bens consumidos e serviços desfrutados e e sim em rumo de uma avaliação qualitativa da vida como um todo em termos dos elementos essenciais da civilização ou cultura. Ele aceitava como correta e adequada uma vasta gama de desigualdades quantitativas ou econômicas, mas condenava a desigualdade qualitativa ou a diferença entre o homem que era, "pelo menos pela ocupação, um cavalheiro" e o homem que não o era. Acho que podemos, sem violentar o sentido de

---

12 Ibid., p.5.

Marshall, substituir a palavra "cavalheiro" por "civilizado". Pois é claro que ele tomava como padrões da vida civilizada as condições consideradas pela sua geração como adequadas a um cavalheiro. Podemos avançar mais e dizer que a reivindicação de todos por desfrutar essas condições é uma reivindicação de poder participar do patrimônio social, o que, por sua vez, significa a reivindicação de serem aceitos como membros plenos da sociedade, ou seja, como cidadãos.

Essa é, penso eu, a hipótese sociológica latente no ensaio de Marshall. Ele postula que há uma espécie de igualdade humana básica associada ao conceito de participação plena em uma comunidade — ou, como convém dizer, na cidadania — o que não é incompatível com as desigualdades que distinguem os diversos níveis econômicos da sociedade. Em outras palavras, a desigualdade do sistema de classe social pode ser aceitável desde que se reconheça a igualdade de cidadania. Marshall não identificava a vida de um cavalheiro com o *status* de cidadania. Fazer tal coisa seria expressar o seu ideal em termos de direitos jurídicos, que cabem a todos os homens. Isso, por sua vez, colocaria nos ombros do Estado a responsabilidade de garantir tais direitos, coisa que levaria, passo a passo, a atos de interferência estatal que ele deploraria. Ao falar na cidadania como algo que os artesãos qualificados aprendiam a apreciar à medida que iam se transformando em cavalheiros, Marshall mencionou somente os seus deveres, não os seus direitos. Pensava nisso como um modo de vida que ia crescendo dentro do homem, não que lhe fosse apresentado de fora. Ele reconhecia um único direito definido, o de as crianças serem educadas, e somente nesse caso aprovava o uso de poderes compulsórios por parte do Estado para alcançar o seu objetivo. Dificilmente poderia ir mais além sem pôr em risco o seu próprio critério para distinguir o seu sistema de qualquer forma de socialismo – a preservação da liberdade do mercado competitivo.

Não obstante, a sua hipótese sociológica está tão perto do cerne do nosso problema atual quanto há três quartos de século – na verdade, mais perto. A igualdade humana básica de participação, à qual eu sustento que ele aludia, foi enriquecida com uma nova substância e investida de um formidável leque de direitos. Desenvolveu-se muito além do que ele previu ou teria desejado. Foi claramente identificada com o *status* de cidadania. E é hora de examinarmos a sua hipótese e refazermos as suas perguntas para ver se as respostas ainda são as mesmas. Continua sendo verdade que a igualdade básica, quando enriquecida em substância e incorporada aos direitos formais de cidadania, é compatível com as desigualdades de classe social? Devo sugerir que a nossa sociedade atual presume que ambas ainda são compatíveis, tanto que a própria cidadania tornou-se, em certos aspectos, a arquiteta da desigualdade social legítima. Segue sendo verdade que a igualdade básica pode ser criada e preservada sem invadir a liberdade do mercado competitivo? Obviamente não é verdade. O nosso sistema moderno é francamente socialista, não um sistema cujos autores desejem, como desejava Marshall, distingui-lo do socialismo. Mas é igualmente óbvio que o mercado continua funcionando – dentro de limites. Eis outro possível conflito de princípios que demanda exame. E, em terceiro lugar, qual é o efeito da acentuada mudança da ênfase de deveres para direitos? Acaso essa é uma característica inevitável da cidadania moderna – inevitável e irreversível? Por fim, quero uma vez mais dar nova forma à pergunta inicial de Marshall. Ele perguntou se havia limites que o melhoramento das classes trabalhadoras não poderia ultrapassar, e estava pensando em limites fixados estabelecidos pelos recursos naturais e a produtividade. Cabe-me perguntar se parece haver limites que o impulso moderno à igualdade social não pode, ou é improvável que possa, ultrapassar, e devo estar pensando, não no custo econômico (deixo essa questão vital para os economistas), mas nos limites inerentes aos princípios que inspiram o impulso. Mas o impulso moderno à igualdade social é, creio eu, a última fase de uma evolução da cidadania que está em progresso contínuo há uns 250 anos. Portanto, a minha primeira tarefa deve ser preparar o terreno para um ataque aos problemas de hoje cavando um pouco o subsolo da história passada.

2
O desenvolvimento da cidadania até o fim do século XIX

Eu me comportarei como um sociólogo se começar por afirmar que me proponho a dividir a cidadania em três partes. Mas a análise é, neste caso, ditada pela história até mais claramente do que pela lógica. Chamarei essas três partes, ou elementos, de civil, política e social. O elemento civil é composto dos direitos necessários à liberdade individual — liberdade da pessoa, liberdade de expressão, de pensamento e de fé, o direito de possuir propriedade e de concluir contratos válidos, e o direito à justiça. Este último é de ordem diferente dos anteriores, porque é o direito de a pessoa defender e fazer valer todos os seus direitos em condições de igualdade com os demais e pelo devido processo legal. Isso nos mostra que as instituições mais diretamente associadas aos direitos civis são os tribunais de justiça. Por elemento político eu designo o direito de participar do exercício do poder político, como membro de um corpo investido de autoridade política ou como eleitor dos membros de tal corpo. As instituições correspondentes são o parlamento, as assembleias legislativas e as câmaras municipais. Com elemento social, eu me refiro a toda a gama desde o direito a um mínimo de bem-estar e segurança econômicos até o direito de participar de todo o patrimônio social e de viver a vida de um ser civilizado de acordo com os padrões predominantes na sociedade. As instituições mais estreitamente ligadas a ele são o sistema educacional e os serviços sociais.[1]

Nos primeiros tempos, esses três fios se enrolavam em um único cordão. Os direitos se misturavam porque a instituições eram amalgamadas. Como disse Maitland: "Quanto mais retrocedemos na história, mais impossível nos é traçar rigorosas linhas de demarcação entre as várias funções do Estado: a mesma instituição é uma assembleia legislativa, um conselho governamental e um tribunal de justiça... Em toda parte, à medida que passamos do antigo ao moderno, vemos o que a filosofia da moda chama de diferenciação".[2] Aqui Maitland fala na fusão das instituições e direitos políticos e civis. Mas os direitos sociais de uma pessoa também faziam parte do mesmo amálgama, e derivavam do *status* que também determinava o tipo de justiça que ela podia obter e onde a podia obter, e o modo pelo qual podia participar da administração dos negócios da comunidade da qual era membro. Mas esse *status* não era de cidadania no nosso sentido moderno. Na sociedade feudal, o *status* era o emblema da classe e a medida da desigualdade. Não havia nenhum conjunto uniforme de direitos e deveres do qual todos os homens – nobres e plebeus, livres e servos – eram do-

---

[1] Por essa terminologia, aquilo que os economistas às vezes chamam de "renda dos direitos civis" seria chamado de "renda dos direitos sociais". Cf. Dalton, *Some Aspects of the Inequality of Incomes in Modern Communities*, Parte 3, cap.3 e 4.

[2] Maitland, *Constitutional History of England*, p.105.

tados em virtude do seu pertencimento à sociedade. Não havia, nesse sentido, nenhum princípio de igualdade dos cidadãos que se opusesse ao princípio de desigualdade de classes. Nas aldeias medievais, por outro lado, podem-se encontrar exemplos de cidadania genuína e igual. Mas esses direitos e deveres específicos eram estritamente locais, ao passo que a cidadania cuja história eu desejo rastrear é, por definição, nacional.

A sua evolução envolveu um processo duplo, de fusão e de separação. A fusão era geográfica; a separação, funcional. O primeiro passo importante data do século XII, quando se estabeleceu a justiça real com poder efetivo para definir e defender os direitos civis do indivíduo – tal como eram então – não no costume local, mas na lei comum da terra. Como instituições, os tribunais eram nacionais, mas especializados. O parlamento continuou concentrando em si os poderes políticos do governo nacional e retendo apenas um pequeno resíduo das funções judiciais que antes pertenciam à Curia Regis, aquela "espécie de protoplasma constitucional a partir do qual, com o tempo, se desenvolverão os vários conselhos da coroa, as casas do parlamento e os tribunais de justiça".[3] Finalmente, os direitos sociais que se enraizavam no pertencimento à comunidade da aldeia, da cidade e da guilda, foram gradualmente dissolvidos pela mudança econômica até que só restasse a Poor Law [Lei do Pobre], mais uma instituição especializada que adquiriu uma fundação nacional, embora continuasse sendo administrada localmente.

Seguiram-se duas importantes consequências. Primeiramente, quando as instituições das quais dependiam os três elementos da cidadania se separaram, tornou-se possível que

---

[3] Pollard, *The Evolution of Parliament*, p.25.

cada qual trilhasse o seu caminho separado, viajando a velocidade própria, sob a direção dos seus próprios princípios. Em pouco tempo, espalharam-se ao longo do trajeto, e foi só no século atual, aliás, eu poderia dizer só nos últimos meses, que os três corredores chegaram lado a lado.

Em segundo lugar, as instituições que eram nacionais e especializadas não podiam pertencer tão intimamente à vida dos grupos sociais que elas serviam como as que eram locais e de caráter geral. A longinquidade do parlamento se devia ao mero tamanho do seu eleitorado; a longinquidade dos tribunais, às tecnicalidades da sua lei e do seu procedimento, coisa que tornava necessário ao cidadão recorrer a peritos jurídicos que o orientassem quanto à natureza dos seus direitos e o ajudassem a obtê-los. Já se apontou várias vezes que, na Idade Média, a participação nos negócios públicos era mais um dever que um direito. Os homens deviam ações judiciais e serviços ao tribunal adequado à sua classe e vizinhança. O tribunal pertencia a eles e eles ao tribunal, ao qual tinham acesso porque este precisava deles e porque eles tinham conhecimento dos seus negócios. Mas o resultado do duplo processo de fusão e separação foi que a máquina que dava acesso às instituições das quais dependiam os direitos de cidadania teve de ser remodelada. No caso dos direitos políticos, a conhecida história era a do direito ao voto e das qualificações para participar do parlamento. No caso dos direitos civis, a questão residia na competência dos vários tribunais, nos privilégios dos profissionais do direito e, sobretudo, na obrigação de pagar as despesas do processo. No caso dos direitos sociais, o centro do palco era ocupado pela Lei de Assentamento e Remoção e pelas várias formas de averiguação de posses [*means test*]. Todo esse aparato se combinava para decidir não simplesmente quais direitos eram reconhecidos em princípio, mas também em que medida os direitos reconhecidos em princípio podiam ser desfrutados na prática.

Quando os três elementos da cidadania se separavam, não tardavam a mal se falar. Tão completo era o divórcio entre eles que é possível, sem violentar muito a acurácia histórica, atribuir o período formativo na vida de cada um deles a um século diferente — os direitos civis ao XVIII, os políticos ao XIX e os sociais ao XX. Esses períodos precisam, naturalmente, ser tratados com razoável elasticidade, e é evidente uma certa sobreposição, especialmente entre os dois últimos.

Para fazer que o século XVIII cubra o período de formação dos direitos civis, é preciso fazê-lo recuar no tempo para incluir o *habeas corpus*, o Toleration Act [Lei de Tolerância] e a abolição da censura à imprensa; e é preciso fazê-lo avançar para incluir a Emancipação Católica, a revogação dos Combination Acts (leis que proibiram e depois regularam os sindicatos ingleses) e o bem-sucedido fim da batalha pela liberdade de imprensa associada aos nomes de Cobbett e Richard Carlile. Poderia então ser mais precisamente, porém menos concisamente, descrito como o intervalo entre a Revolução e o primeiro Reform Act [Lei de Reforma]. No final desse período, quando os direitos políticos ensaiaram a sua tentativa infantil de andar em 1832, os direitos civis tinham chegado à idade adulta e ostentavam, no essencial, a aparência que têm hoje.[4] "A obra específica da época hanoveriana", escreve Trevelyan, "foi o estabelecimento do domínio da

---

4 A exceção mais importante é o direito de greve, mas as condições que tornaram esse direito vital para o operário e aceitável para a opinião política ainda não haviam surgido plenamente.

lei; e essa lei, com todas as suas falhas graves, era pelo menos uma lei de liberdade. Sobre esse sólido alicerce erigiram-se todas as nossas reformas subsequentes."[5] Essa conquista do século XVIII, interrompida pela Revolução Francesa e concluída depois dela, foi, em grande medida, obra dos tribunais, tanto na sua prática cotidiana quanto numa série de casos famosos, em alguns dos quais eles lutaram contra o parlamento em defesa da liberdade individual. O ator mais celebrado nesse drama foi, presumo eu, John Wilkes, e, embora possamos deplorar a ausência nele das nobres e sagradas qualidades que gostaríamos de encontrar nos nossos heróis nacionais, não podemos nos queixar se a causa da liberdade às vezes for defendida por um libertino.

No campo econômico, o direito civil básico é o de trabalhar, ou seja, o direito de cada um de exercer a ocupação da sua escolha no lugar da sua escolha, sujeitando-se apenas às legítimas demandas de formação técnica. Esse direito foi negado tanto pelo estatuto quanto pelo costume; por um lado, pelo Estatuto dos Artífices (elisabetano), que confinava certas ocupações a certas classes sociais e, por outro, pelas regulamentações locais que restringiam o emprego em uma cidade aos seus próprios membros e pelo uso da aprendizagem como instrumento de exclusão, não de recrutamento. O antigo reconhecimento do direito envolvia a aceitação formal de uma mudança fundamental de atitude. A velha suposição de que os monopólios local e de grupo eram de interesse público, porque "o comércio e o tráfego não podem ser mantidos nem aumentados sem ordem

---

[5] Trevelyan, *English Social History*, p.351.

e governo",⁶ foi substituída pela nova suposição de que tais restrições eram uma ofensa à liberdade do sujeito e uma ameaça à prosperidade da nação. Como no caso dos outros direitos civis, os tribunais de justiça tiveram um papel decisivo ao promover e registrar o avanço do novo princípio. A Common Law [direito comum] era bastante elástica para que os juízes a aplicassem de um modo que, quase imperceptivelmente, levava em conta as mudanças graduais nas circunstâncias e na opinião e, finalmente, instalaram a heresia do passado como a ortodoxia do presente. A Common Law é em grande parte uma questão de bom senso, como testemunha o julgamento pelo chefe de Justiça Holt no caso do prefeito de Winton *vs.* Wilks (1705): "Todas as pessoas têm a liberdade de morar em Winchester, e como podem ser impedidas de usar os meios legais de lá morar? Tal costume é um dano para o partido e um prejuízo para o público".⁷ O costume era um dos dois grandes obstáculos para a mudança. Mas, quando o costume antigo no sentido técnico entrou claramente em conflito com o costume no sentido de modo de vida geralmente aceito, suas defesas começaram a desabar rapidamente diante dos ataques de uma Common Law que, já em 1614, expressou aversão a "todos os monopólios que proíbem qualquer trabalho em qualquer atividade legal".⁸ O outro obstáculo era a lei estatutária, e os juízes desferiram alguns golpes astutos mesmo contra esse adversário valente. Em 1756, o *lord* Masfield descreveu o elisabetano Estatuto dos

---

6 Caso da cidade de Londres, 1610. Cf. Heckescher, *Mercantilism*, v.I, p.269-325, que conta toda a história pormenorizadamente.
7 *King's Bench Reports* (Holt), p.1002.
8 Heckscher, op. cit., p.283.

Artífices como uma lei penal, na restrição do direito natural e contrário à Common Law do reino. E acrescentou que "a política sobre a qual a lei foi feita é, por experiência, duvidosa".

No início do século XIX, esse princípio da liberdade econômica individual foi aceito como axiomático. Vocês provavelmente conhecem a passagem citada pelo casal Webb do relatório do Select Committee de 1811, que afirma que:

> nenhuma interferência da legislatura na liberdade de comércio ou na perfeita liberdade de cada indivíduo para dispor do seu tempo e do seu trabalho da maneira e nos termos que ele julgar mais adequados ao seu próprio interesse pode ocorrer sem violar princípios gerais de suma importância para a prosperidade e a felicidade da comunidade.[9]

A revogação dos estatutos elisabetanos ocorreu rapidamente, como o reconhecimento tardio de uma revolução que já tinha acontecido.

A história dos direitos civis no seu período de formação é a da inclusão gradual de novos direitos a um *status* já existente e tido como pertencente a todos os membros adultos da comunidade — ou talvez convenha dizer a todos os membros do sexo masculino, já que o *status* das mulheres, ou pelo menos das mulheres casadas, era peculiar em alguns aspectos importantes. Esse caráter democrático ou universal do *status* surgiu naturalmente do fato de ser essencialmente o *status* da liberdade, e, na Inglaterra do século XVII, todos os homens eram livres.

---

9 Sidney e Beatrice Webb, *History of Trade Unionism*, p.60.

O *status* servil, ou servilismo pelo sangue, persistiu como um anacronismo patente no tempo de Elizabeth, mas desapareceu logo depois. Essa mudança do trabalho servil para o trabalho livre foi descrita pelo professor Tawney como "um marco importante no desenvolvimento da sociedade econômica e política" e como "o triunfo final da *common law*" em regiões das quais ficou excluída durante quatro séculos. Doravante, o camponês inglês "é membro de uma sociedade em que existe, pelo menos nominalmente, uma lei para todos os homens".[10] A liberdade que seus predecessores tinham ganhado fugindo para as cidades livres passara a ser dele por direito. Nas cidades, as palavras "liberdade" e "cidadania" eram intercambiáveis. Quando a liberdade se tornou universal, a cidadania evoluiu de instituição local para instituição nacional.

A história dos direitos políticos é diferente tanto no tempo quanto no caráter. O período de formação começou, como eu disse, no início do século XIX, quando os direitos civis ligados ao *status* de liberdade já haviam adquirido substância suficiente para nos justificar quando falamos em um *status* geral de cidadania. E, quando começou, ela consistiu, não na criação de novos direitos para enriquecer um *status* já desfrutado por todos, mas na concessão de antigos direitos a novos segmentos da população. No século XVIII, os direitos políticos eram defectivos, não no conteúdo, mas na distribuição – defectivos, quer dizer, pelos padrões da cidadania democrática. A Lei de 1832 pouco fez, em sentido puramente quantitativo, para corrigir esse defeito. Quando da sua aprovação, os eleitores não

---

10 Tawney, *The Agrarian Problem in the Sixteenth Century*, p.43-4.

chegavam a um quinto da população masculina adulta. O direito de voto ainda era um monopólio de grupo, mas tinha dado o primeiro passo para se tornar um tipo de monopólio aceitável para as ideias do capitalismo do século XIX – um monopólio que podia, com certo grau de plausibilidade, ser descrito como aberto e não fechado. Um monopólio grupal fechado é aquele em que ninguém pode entrar por esforço próprio; a admissão dependia da vontade dos membros existentes do grupo. A descrição se ajusta consideravelmente ao direito de voto distrital anterior a 1832; e não estava muito longe da marca quando aplicada ao direito de voto com base na propriedade alodial de terra. As propriedades alodiais nem sempre estavam à mão, mesmo que o interessado tivesse dinheiro para comprá-las, especialmente numa época em que as famílias viam as terras de que eram proprietárias como o fundamento social, bem como econômico, da sua existência. Portanto, a Lei de 1832, ao abolir o distrito dito podre ou de bolso e ao estender a franquia aos arrendatários e ocupantes com suficiente substância econômica, abriu o monopólio ao reconhecer as reivindicações políticas daqueles que podiam mostrar a evidência normal de sucesso na luta econômica.

É claro que, se sustentarmos que, no século XIX, a cidadania na forma de direitos civis era universal, o direito de voto não era um dos direitos de cidadania. Tratava-se de um privilégio de uma classe econômica limitada, cujos limites foram estendidos por cada sucessiva Lei de Reforma. No entanto, pode-se alegar que a cidadania nesse período não era politicamente sem sentido. Não conferia um direito, mas reconhecia uma capacidade. Nenhum cidadão são e cumpridor da lei era impedido por *status* pessoal de adquirir e registrar um voto. Ele era livre para ganhar, poupar, comprar propriedades ou alugar uma casa e desfrutar de quaisquer direitos políticos vinculados a essas conquistas econômicas. Os seus direitos civis o autorizavam e a reforma eleitoral o habilitava cada vez mais a fazê-lo.

Foi adequado, como veremos, a sociedade capitalista do século XIX tratar os direitos políticos como um produto secundário dos direitos civis. Foi igualmente adequado o século XX abandonar essa posição e vincular os direitos políticos direta e independentemente à cidadania propriamente dita. Essa mudança vital de princípio foi posta em prática com a Lei de 1918, que, ao adotar o sufrágio da masculinidade, transferiu a base dos direitos políticos da substância econômica para o *status* pessoal. Eu falo "masculinidade" deliberadamente a fim de enfatizar o grande significado dessa reforma bem à parte da segunda, e não menos importante, reforma introduzida ao mesmo tempo — a concessão do direito de voto às mulheres. Mas a Lei de 1918 não estabeleceu plenamente a igualdade política de todos em termos de direitos de cidadania. Resquícios da desigualdade com base nas diferenças de substância econômica persistiram até que, só no ano passado, o voto plural (que já havia sido reduzido ao voto duplo) finalmente foi abolido. Quando atribuí os primeiros períodos formativos dos três elementos da cidadania a um século diferente — os direitos civis ao XVIII, os políticos ao XIX e os sociais ao XX — eu disse que havia uma sobreposição considerável entre os dois últimos. Proponho limitar o que tenho a dizer agora sobre os direitos sociais à sobreposição, a fim de poder completar o meu levantamento histórico até o fim do século XIX e tirar as minhas conclusões a partir dele, antes de voltar a atenção para a segunda metade do meu assunto, um estudo das nossas experiências atuais e os seus antecedentes imediatos. Nesse segundo ato do drama, os direitos sociais ocuparão o centro do palco.

A fonte original dos direitos sociais era a participação em comunidades locais e associações funcionais. Essa fonte foi complementada e progressivamente substituída por uma Poor Law e um sistema de regulação salarial que era concebido nacionalmente e administrado localmente. Este – o sistema de regulação salarial – deteriorou-se rapidamente no século XVIII, não só porque a mudança industrial tornou-o administrativamente inviável como também porque era incompatível com a nova concepção de direitos civis na esfera econômica, com a sua ênfase no direito de trabalhar onde e no que o cidadão quisesse sob um contrato da sua própria autoria. A regulação salarial violava esse princípio individualista de livre contrato de trabalho.

A Poor Law se achava numa situação um tanto ambígua. A legislação elisabetana dela fizera mais do que um meio para aliviar a miséria e suprimir a vadiagem, e seus objetivos construtivos sugeriam uma interpretação do bem-estar social reminiscente dos direitos sociais mais primitivos, porém mais genuínos, que ela havia amplamente substituído. Afinal, a Poor Law elisabetana era um item de um vasto programa de planejamento econômico que tinha o objetivo geral não de criar uma nova ordem social, e sim de preservar a existente com o mínimo de mudança essencial. À medida que o padrão da velha ordem se dissolvia sob os golpes de uma economia competitiva e o plano se desintegrava, a Poor Law foi deixada ao deus-dará como uma sobrevivência isolada, da qual a ideia de direitos sociais era drenada paulatinamente. Mas, no fim do século XVIII, ocorreu a derradeira luta entre o velho e o novo, entre a sociedade planejada (ou padronizada) e a economia competitiva. E, nessa batalha, a cidadania ficou dividida contra si mesma; os direitos sociais se alinharam ao velho; e os civis, ao novo.

No livro *Origins of our Time* [A origem do nosso tempo], Karl Polanyi atribui ao sistema de Speenhamland de auxílio aos pobres uma importância que alguns leitores hão de achar surpreendente. Para ele, tal sistema parece marcar e simbolizar o remate de uma época. Através dele, a velha ordem reuniu as suas forças em retirada e desferiu um vigoroso ataque ao país do inimigo. Pelo menos, é assim que eu deveria descrever a sua importância na história da cidadania. O sistema de Speenhamland ofereceu, efetivamente, um salário mínimo e abonos familiares garantidos, combinados com o direito ao trabalho ou ao sustento. Mesmo pelos padrões modernos, esse é um corpo substancial de direitos sociais, indo muito além do que se poderia considerar como a respeitável província da Poor Law. E os criadores do projeto perceberam claramente que a Poor Law estava sendo invocada para fazer o que a regulamentação salarial já não podia fazer. Pois a Poor Law era o último resquício de um sistema que tentava ajustar a renda real às necessidades sociais e ao *status* do cidadão e não só ao prejudicado valor do seu trabalho. Mas essa tentativa de injetar um elemento de seguridade social na própria estrutura do sistema salarial através da Poor Law estava fadada ao fracasso. Não só por causa das suas desastrosas consequências práticas como também porque ela era completamente odiosa para o espírito predominante do tempo.

Nesse breve episódio da nossa história, vemos a Poor Law como o agressivo paladino dos direitos sociais da cidadania. Na fase seguinte, damos com o atacante sendo forçado a retroceder para muito além da sua posição original. Pela Lei de 1834, a Poor Law renunciou a todas as pretensões de invadir o território do sistema salarial ou de interferir nas forças do livre mercado. Ela oferecia auxílio unicamente àqueles que, devido à idade ou à doença, eram incapazes de seguir batalhando, ou para os outros fracos que desistiam da luta, admitiam a derrota e clamavam por misericórdia. O tímido movimento em direção ao conceito de seguridade social foi revertido. Porém, mais do que isso, os direitos sociais mínimos que restaram foram separados do *status* de cidadania. A Poor Law tratava as reivindicações dos pobres não como parte dos direitos do cidadão, mas como uma alternativa a esses direitos — como reivindicações que só podiam ser atendidas se os requerentes deixassem de ser cidadãos no verdadeiro sentido do palavra. Pois os indigentes perdiam na prática o direito civil à liberdade pessoal, pelo internamento em asilo, e perdiam por lei quaisquer direitos políticos que porventura tivessem. Essa desvantagem da privação de direitos perdurou até 1918, e talvez não se tenha compreendido inteiramente o significado da sua supressão final. O estigma que marcava o auxílio ao pobre exprimia os sentimentos profundos de um povo para o qual aqueles que aceitavam o auxílio deviam atravessar a rua que separava a comunidade dos cidadãos da marginalizada companhia dos destituídos.

A Poor Law não é um exemplo isolado desse divórcio entre os direitos sociais e o *status* de cidadania. As primeiras Factory Acts [leis fabris] mostram a mesma tendência. Posto que, na verdade, tenham levado à melhora das condições de trabalho e à redução da jornada, beneficiando todos os empregados nas indústrias aos quais se aplicavam, elas se abstinham de dar essa proteção diretamente ao homem adulto, o cidadão por excelência. E o fizeram por respeito ao seu *status* de cidadão, com base no fato de as medidas de proteção aplicadas restringirem o direito civil de concertar um contrato livre de trabalho. A proteção se limitava a mulheres e crianças, e as defensoras dos direitos da mulher não tardaram a detectar o insulto implícito. As mulheres recebiam proteção porque não eram cidadãs. Se desejassem desfrutar de cidadania plena e responsável, tinham de se abster de proteção. No fim do século XIX, tais argumentos haviam se tornado obsoletos, e o código fabril passara a ser um dos pilares do edifício dos direitos sociais.

A história da educação mostra semelhanças superficiais com a da legislação fabril. Nos dois casos, o século XIX foi, em geral, um período no qual se assentaram as fundações dos direitos sociais, embora o princípio dos direitos sociais como parte do *status* de cidadania não tenha sido expressamente negado nem definitivamente admitido. Mas há diferenças significativas. A educação, como reconheceu Marshall quando a distinguiu como um objeto apto da ação estatal, é um serviço de natureza única. É fácil dizer que o reconhecimento do direito das crianças de serem educadas não afeta o *status* de cidadania mais do que o direito das crianças de serem protegidas do trabalho excessivo e das máquinas perigosas, simplesmente porque as crianças, por definição, não podem ser cidadãs. Mas tal afirmação é enganosa. A educação das crianças tem uma relação direta com a cidadania, e o Estado, quando garante que todas elas sejam educadas, certamente tem em mente os requisitos e a natureza da cidadania. Está tentando estimular o crescimento de cidadãos em formação. O direito à educação é um genuíno direito social de cidadania, porque o objetivo da educação na infância é moldar o futuro adulto. Fundamentalmente, ele deve ser encarado não como o direito da criança de ir à escola, mas como o direito do cidadão adulto de ter sido educado. E aqui não há nenhum conflito com os direitos civis tal como interpretados na era do individualismo. Pois os direitos civis são projetados para o uso razoável de pessoas inteligentes, que aprenderam a ler e a escrever. A educação é um pré-requisito necessário da liberdade civil.

Mas, no fim do século XIX, a educação elementar não era somente livre, era compulsória. Esse sinal de distanciamento do *laissez-faire* poderia, é claro, ser justificado com base em que a livre escolha é um direito apenas para as mentes maduras, que as crianças estão naturalmente sujeitas à disciplina e que não se pode confiar que os pais farão aquilo que é do melhor interesse dos filhos. Mas o princípio vai mais fundo ainda. Temos aqui um direito pessoal combinado com o dever público de exercer esse direito. Acaso o dever público é imposto simplesmente para o benefício do indivíduo – porque as crianças não compreendem plenamente os seus próprios interesses e os pais podem ser incapazes de esclarecê-los? Duvido que essa seja uma explicação adequada. No decurso do século XIX, reconheceu-se cada vez mais que a democracia política precisava de um eleitorado educado e que a produção científica precisava de trabalhadores e técnicos qualificados. De modo que a obrigação de aprimorar e civilizar a si próprio é um dever social, e não meramente um dever pessoal, porque a saúde social de uma sociedade depende da civilização dos seus membros. E uma comunidade que impõe essa obrigação começou a perceber que a sua cultura é uma unidade orgânica; e a sua civilização, um patrimônio nacional. Conclui-se que o crescimento da educação elementar pública, durante o século XIX, foi o primeiro passo decisivo no caminho do restabelecimento dos direitos sociais de cidadania no XX.

Quando Marshall leu esse ensaio no Cambridge Reform Club, o Estado estava se preparando para arcar com a responsabilidade que o próprio Marshall lhe atribuiu ao dizer que "ele devia obrigá-las [às crianças] e ajudá-las a subir o primeiro degrau". Mas isso não iria longe no sentido de realizar a sua ideia de fazer de cada homem um cavalheiro nem era essa a intenção. E ainda havia poucos sinais do desejo de "ajudá-las, se quisessem, a subir alguns degraus".

A ideia estava no ar, mas não era um ponto cardeal da política. No início da década de 1890, o Conselho do Condado de Londres [London County Council], mediante o seu Conselho de Educação Técnica, instituiu um sistema de bolsa de estudos que Beatrice Webb obviamente considerou que marcava a época. Pois escreveu a respeito:

> No seu aspecto popular, essa era uma escada educacional de dimensões sem precedentes. Era, aliás, entre as escadas educacionais, a mais gigantesca em extensão, a mais elaborada na sua organização de "admissões" e promoções e a mais diversificada em tipos de excelência selecionados e em tipos de treinamento, caso existisse algo comparável em qualquer lugar do mundo.[11]

O entusiasmo dessas palavras permite-nos ver o quanto avançamos nossos padrões desde aquela época.

---

11 Webb, *Our Partnership*, p.79.

3
O primeiro impacto da cidadania sobre a classe social

Até aqui, o meu objetivo foi traçar um esboço do desenvolvimento da cidadania da Inglaterra até o fim do século XIX. Para tanto, dividi a cidadania em três elementos: o civil, o político e o social. Tentei mostrar que os direitos civis vieram primeiro e foram estabelecidos em algo parecido com a sua forma moderna antes da aprovação da primeira Reform Act em 1832. Os direitos políticos vieram a seguir, e a sua extensão foi uma das principais características do século XIX, apesar de o princípio da cidadania política universal só ter sido reconhecido em 1918. Os direitos sociais, por outro lado, afundaram até quase desaparecer no século XVIII e no início do XIX. Seu renascimento começou com o desenvolvimento do ensino elementar público, mas foi só no século XX que eles alcançaram igual parceria com os outros dois elementos da cidadania.

Eu ainda não disse nada sobre classe social, e devo explicar aqui que a classe social ocupa um lugar secundário no meu tema. Não proponho empreender a longa e difícil tarefa de examinar a sua natureza e analisar os seus componentes. O tempo não me permitiria tratar com justiça um tema tão formidável.

A minha principal preocupação é com a cidadania, e o meu interesse especial está no seu impacto sobre a desigualdade social. Discutirei a natureza da classe social só até onde for necessário à busca desse interesse especial. Interrompi a narrativa no fim do século XIX porque acredito que o impacto da cidadania sobre a desigualdade social depois dessa data foi fundamentalmente diferente do que tinha sido antes dela. Essa declaração provavelmente não será contestada. É a natureza exata da diferença que vale a pena explorar. Portanto, antes de avançar mais, vou tentar tirar algumas conclusões gerais sobre o impacto da cidadania sobre a desigualdade no primeiro dos dois períodos.

A cidadania é um *status* outorgado àqueles que são membros plenos de uma comunidade. Todos os que possuem o *status* são iguais no que diz respeito aos direitos e deveres dos quais o *status* é dotado. Não há nenhum princípio universal que determine quais devem ser esses direitos e deveres, mas as sociedades em que a cidadania é uma instituição em desenvolvimento criam a imagem de uma cidadania ideal com a qual se pode medir a realização e para a qual se pode direcionar a aspiração. O impulso para a frente ao longo do caminho assim traçado é um impulso para uma medida mais plena da igualdade, um enriquecimento da matéria de que o *status* é feito e um aumento do número daqueles a quem o *status* é concedido. A classe social, por outro lado, é um sistema de desigualdade. E, tal como a cidadania, pode se basear em um conjunto de ideais, crenças e valores. Portanto, é sensato esperar que o impacto da cidadania sobre a classe social tome a forma de um conflito entre princípios opostos. Se eu tiver razão quando afirmo que a cidadania é uma instituição em desenvolvimento na Inglaterra pelo menos desde a última parte do século XVII, fica claro que o seu crescimento coincide com a ascensão do capitalismo, que não é um sistema de igualdade, e sim de desigualdade. Aqui algo precisa de explicação. Como esses dois princípios opostos puderam crescer e florescer lado a lado no mesmo solo? O que lhes possibilitou se reconciliarem e se tornarem, pelo menos durante algum tempo, aliados em vez de antagonistas? A pergunta é pertinente, pois está claro que, no século XX, a cidadania e o sistema de classe capitalista estão em guerra.

É neste ponto que um exame mais minucioso se torna necessário. Não posso tentar examinar todas as suas muitas e variadas formas, mas há uma grande diferença entre dois tipos diferentes de classe que é particularmente relevante para a minha argumentação. A primeira dessas classes baseia-se na hierarquia de *status*, e a diferença entre uma classe e a outra se expressa em termos de direitos jurídicos e de costumes estabelecidos que têm o caráter vinculativo essencial da lei. Nessa forma extrema, um sistema assim divide uma sociedade em várias espécies humanas distintas, hereditárias: patrícios, plebeus, servos, escravos e assim por diante. A classe é, por assim dizer, uma instituição por direito próprio e toda a estrutura tem a qualidade de um plano, no sentido de que é dotada de significado e propósito e aceita como uma ordem natural. A civilização, a cada nível, é uma expressão desse significado e dessa ordem natural, e as diferenças entre os níveis sociais não são diferenças de padrão de vida, porque não há um padrão comum pelo qual elas possam ser medidas. Tampouco há direitos – pelo menos nenhum significativo – que todos compartilhem.[1] O impacto da cidadania

---

[1] Cf. a admirável caracterização oferecida por Tawney, *Equality*, p.121-2.

em semelhante sistema estava destinado a ser profundamente inquietante e até destrutivo. Os direitos com os quais se investiu o *status* geral da cidadania foram extraídos do sistema de *status* hierárquico da classe social, roubando-o da sua substância essencial. A igualdade implícita no conceito de cidadania, ainda que limitada no conteúdo, solapou a desigualdade do sistema de classe, que era, em princípio, uma desigualdade total. A justiça nacional e uma lei comum a todos deve, inevitavelmente, enfraquecer e enfim destruir a justiça de classe, e a liberdade pessoal, como um direito inato, deve afugentar a servidão. Não há necessidade de nenhum argumento sutil para mostrar que a cidadania é incompatível com o feudalismo medieval.

A classe social do segundo tipo é menos uma instituição por direito próprio que um subproduto de outras instituições. Embora ainda possamos nos referir ao *"status* social", fazê-lo é estender a expressão além do seu rigoroso significado técnico. As diferenças de classe não são estabelecidas e definidas pelas leis e os costumes da sociedade (no sentido medieval do termo), mas surge da interação de uma variedade de fatores relacionados com as instituições de propriedade e educação e a estrutura da economia nacional. As culturas de classe reduzem-se a um mínimo, de modo que se torna possível, ainda que reconhecidamente de modo não inteiramente satisfatório, medir os diferentes níveis de bem-estar econômico com referência a um padrão de vida comum. As classes trabalhadoras, em vez de herdar uma cultura distintiva, ainda que simples, recebem uma imitação barata e de má qualidade de uma civilização que se tornou nacional.

É verdade que a classe ainda funciona. A desigualdade social é considerada necessária e propositiva. Proporciona incentivo para o esforço e projeta a distribuição do poder. Mas não existe um padrão geral de desigualdade no qual esteja anexado um valor adequado, *a priori*, a cada nível social. Portanto, a desigualdade, apesar de necessária, pode se tornar excessiva. Como disse Patrick Colquhoun numa passagem muito citada: "Sem uma grande proporção de pobreza não poderia haver ricos, já que estes são os filhos do trabalho, ao passo que o trabalho só pode resultar de um estado de pobreza [...] Portanto, a pobreza é um ingrediente muito necessário e indispensável na sociedade, sem o qual as nações e as comunidades não poderiam existir em um estado de civilização".[2] Mas Colquhoun, embora aceitasse a pobreza, deplorava a "indigência", ou, como devíamos dizer, a destituição. Com "pobreza" ele designava a situação de um homem que, por falta de reservas econômicas, é obrigado a trabalhar, e a trabalhar arduamente, para viver. Com "indigência", referia-se à situação de uma família que carece do mínimo necessário para ter uma vida decente. O sistema de desigualdade que permitia à primeira existir como uma força motriz também produzia, inevitavelmente, certa quantidade da segunda. Colquhoun e outros humanitários lamentavam tal coisa e procuravam meios de aliviar o sofrimento que ela causava. Mas não questionavam a justiça do sistema de desigualdade como um todo. Podia-se alegar, em defesa da sua justiça, que, embora a pobreza fosse necessária, não era necessário que nenhuma família particular permanecesse pobre ou tão pobre quanto era. Quanto mais as pessoas veem a riqueza como uma prova conclusiva de mérito, tanto mais elas se inclinam a en-

---

2 Colquhoun, *A Treatise on Indigence*, p.7-8.

carar a pobreza como evidência de fracasso – mas a penalidade para o fracasso pode parecer maior do que o delito justifica. Em tais circunstâncias, é natural que as características mais desagradáveis da desigualdade sejam tratadas, muito irresponsavelmente, como um incômodo, como a fumaça preta que costumava sair sem controle das chaminés das nossas fábricas. E assim, com o tempo, à medida que a consciência social ganha vida, a redução das classes, como a redução da fumaça, torna-se um objetivo desejável a ser perseguido, desde que seja compatível com a eficiência contínua da máquina social.

Mas essa forma de redução das classes não era um ataque ao sistema de classe. Pelo contrário, visava, em geral muito conscientemente, tornar o sistema de classe menos vulnerável ao ataque abrandando as suas consequências menos defensáveis. Elevou o nível do solo no porão do edifício social e talvez o tenha tornado um pouco mais higiênico do que antes. Mas o porão continuou sendo porão e os andares superiores do prédio não foram afetados. E os benefícios recebidos pelo desprotegido não decorreram de um enriquecimento do *status* de cidadania. Onde eles foram concedidos oficialmente pelo Estado, isso se fez com medidas que, como eu disse, ofereciam alternativas, não acréscimos, aos direitos de cidadania. Mas a principal parte da tarefa ficou por conta da caridade privada, e era regra geral, se bem que não universal, dos órgãos de caridade que aqueles que recebiam a sua ajuda não tinham o direito pessoal de reivindicá-la.

Sem embargo, é verdade que a cidadania, mesmo nas suas formas incipientes, era um princípio de igualdade, e que, nesse período, ainda era uma instituição em desenvolvimento. A partir do ponto em que todos os homens eram livres e, em tese, capazes de desfrutar de direitos, ela cresceu enriquecendo o corpo de direitos dos quais eles eram capazes. Mas esses direitos não conflitavam com as desigualdades da sociedade capitalista; pelo contrário, eram necessários à manutenção daquela forma particular de desigualdade. A explicação está no fato de o âmago da cidadania, naquela fase, ser composto por direitos civis. E os direitos civis eram indispensáveis a uma economia de mercado competitiva. Davam a cada homem, como parte do seu *status* individual, o poder de se engajar como uma unidade independente na luta econômica e tornavam possível negar-lhe proteção social alegando que ele estava equipado com os meios para se autoproteger. O famoso dito de Maine, segundo o qual "o movimento das sociedades progressistas tem sido, até aqui, um movimento do *Status* para o Contrato",[3] expressa uma verdade profunda que vem sendo elaborada, com terminologia variada, por muitos sociólogos, mas requer qualificação. Pois tanto o *status* quanto o contrato estão presentes em todas as sociedades, exceto nas mais primitivas. O próprio Maine admitiu isso quando, mais adiante no mesmo livro, escreveu que as comunidades feudais mais antigas, em contraste com suas predecessoras arcaicas, "não estavam unidas pelo mero sentimento nem eram recrutadas por uma ficção. O laço que as unia era o Contrato".[4] Mas o elemento contratual no feudalismo coexistia com um sistema de classe baseado no *status* e, à medida que o contrato se consolidou, transformando-se em costume, ajudou a perpetuar o *status* de classe. O costume reteve a forma de empreendimentos mútuos, mas não a reali-

---

3 Maine, *Ancient Law*, p.170.
4 Ibid., p.365.

dade de um acordo livre. O contrato moderno não teve origem no contrato feudal; ele marca um novo desenvolvimento para cujo progresso o feudalismo era um obstáculo que tinha de ser descartado. Pois o contrato moderno é essencialmente um acordo entre homens que são livres e iguais em *status*, posto que não necessariamente em poder. O *status* não foi eliminado do sistema social. O *status* diferencial, associado a classe, função e família, foi substituído pelo *status* único e uniforme de cidadania, que forneceu a base de igualdade sobre a qual se poderia construir a estrutura da desigualdade.

Quando Maine escreveu, esse *status* era claramente uma ajuda, e não uma ameaça, ao capitalismo e à economia de livre mercado, porque ele era dominado pelos direitos civis, que conferem a capacidade legal de lutar pelas coisas que a pessoa gostaria de possuir, mas não garante a possessão de nenhuma delas. O direito de propriedade não é o direito de possuir propriedade, mas o direito de adquiri-la, se o interessado puder, e de protegê-la, se conseguir obtê-la. Mas, quem usar esses argumentos para explicar para um pobre que os seus direitos de propriedade são iguais aos de um milionário, ele provavelmente o acusará de embromação. Do mesmo modo, o direito à liberdade de expressão tem pouca substância real se, por falta de educação, a pessoa não tiver nada a dizer que valha a pena ser dito nem meios de se fazer ouvir se o disser. Mas essas desigualdades evidentes não se devem a defeitos nos direitos civis, e sim à falta de direitos sociais, e os direitos sociais nos meados do século XIX estavam em estado de prostração. A Poor Law era uma ajuda, não uma ameaça ao capitalismo, porque aliviava a indústria de toda responsabilidade social fora do contrato de trabalho e, ao mesmo tempo, aguçava o gume da concorrência no mercado de trabalho. O estudo fundamental também era uma ajuda, porque aumentava o valor do trabalhador sem educá-lo acima do seu posto.

Mas seria absurdo afirmar que os direitos civis usufruídos nos séculos XVIII e XIX estavam isentos de defeitos ou que eram tão igualitários na prática quanto professavam ser em princípio. A igualdade perante a lei não existia. O direito estava lá, mas o remédio podia estar frequentemente fora do alcance. As barreiras entre os direitos e os remédios eram de dois tipos: o primeiro decorria do preconceito de classe e da parcialidade; o segundo, dos efeitos automáticos da distribuição desigual da riqueza, funcionando através do sistema de preços. O preconceito de classe, que, sem dúvida, influenciou toda a administração da justiça no século XVIII, não pode ser eliminado pela lei, mas só pela educação social e a construção de uma tradição de imparcialidade. Esse é um processo vagaroso e difícil, que pressupõe uma mudança no clima de pensamento em todas as camadas superiores da sociedade. Mas é um processo que me parece justo dizer que se tem realizado com sucesso, no sentido de que a tradição de imparcialidade entre as classes sociais está firmemente estabelecida na nossa justiça civil. E é interessante que isso tenha acontecido sem nenhuma mudança fundamental na estrutura de classe na profissão jurídica. Não temos nenhum conhecimento exato sobre esse ponto, mas duvido que o quadro tenha se alterado radicalmente desde que o professor Ginsberg descobriu que a proporção dos admitidos no Lincoln's Inn cujos pais eram assalariados havia subido de 0,4% em 1904-1908 para 1,8% em 1923-1927, e que, nesta última data, quase 72% eram filhos de profissionais, homens de negócios e cavalheiros de alto escalão.⁵ O declínio do preconceito de classe como uma barreira para o desfrute pleno de direitos se deve, por conseguinte, menos à diluição do monopólio de classe na profissão jurídica do que à difusão em todas as classes de um senso de igualdade social mais humano e realista.

É interessante comparar esse desenvolvimento com o correspondente no campo dos direitos políticos. Também aqui o preconceito de classe, expresso pela intimidação das classes inferiores pelas superiores impediu o exercício livre do direito de voto pelos que o haviam recebido recentemente. Nesse caso, um remédio prático estava disponível no voto secreto. Mas isso não bastou. Também foram necessárias a educação social e uma mudança no clima mental. E, mesmo quando os eleitores se sentiam livres de influência indevida, demorou um pouco para derrubar a ideia, predominante tanto nas classes trabalhadoras quanto nas outras, de que os representantes do povo, e mais ainda os membros do governo, deviam provir das elites, pois tinham nascido, sido criados e educados para a liderança. O monopólio de classe na política, diferentemente do monopólio de classe no direito, foi definitivamente destroçado. Assim, nesses dois campos, alcançou-se o mesmo objetivo por caminhos bem diferentes.

A supressão do segundo obstáculo, os efeitos da distribuição desigual da riqueza, foi tecnicamente uma questão simples no caso dos direitos políticos, porque custa pouco ou nada registrar um voto. Todavia, pode-se usar a riqueza para influenciar uma eleição, e se adotou uma série de medi-

---

5 Ginsberg, *Studies in Sociology*, p.171.

das para reduzir essa influência. As primeiras, que remontam ao século XVII, combateram o suborno e a corrupção, mas as últimas, especialmente a partir de 1883, tinham o propósito mais amplo de limitar as despesas eleitorais em geral, para que candidatos de riqueza desigual pudessem lutar em termos mais ou menos iguais. Atualmente, a necessidade de tais medidas equalizadoras diminuiu muito, uma vez que os candidatos da classe operária podem obter apoio financeiro de partidos e outros fundos. Portanto, as restrições que previnem a extravagância competitiva provavelmente são bem-vindas por todos. Restava abrir a Câmara dos Comuns para homens de todas as classes, independentemente da riqueza, primeiro eliminando a qualificação de propriedade para os membros e, em seguida, introduzindo o pagamento aos membros em 1911.

Foi muito mais difícil obter resultados semelhantes no campo dos direitos civis, porque o litígio, ao contrário da votação, é caríssimo. As taxas judiciais não são custosas, mas os honorários advocatícios e as taxas da procuradoria podem chegar a somas de fato elevadíssimas. Como a ação judicial toma forma de disputa, cada parte sente que suas chances de vencer aumentarão se ela contar com o serviço de advogados melhores que os contratados pela outra. Naturalmente, há certa verdade nisso, mas não tanta como se acredita popularmente. Mas o efeito no litígio, como nas eleições, é introduzir um elemento de extravagância competitiva que torna difícil estimar antecipadamente quais hão de ser as custas de um processo. Além disso, o nosso sistema, pelo qual as custas normalmente são atribuídas ao vencedor, aumenta o risco e a incerteza. Um homem de recursos limitados, sabendo que, se perder, terá de pagar as custas do adversário (depois que ambos forem depenados pela autoridade tributária [*taxing master*]), além das suas, pode ser facilmente intimidado a ponto de aceitar um acordo insatisfatório, principalmente se o adversário for rico o suficiente para não se deixar incomodar por nenhuma dessas considerações. E, mesmo que ele vença, as custas tributadas que ele recupera geralmente serão menores que as suas despesas reais e, com frequência, consideravelmente menores. De modo que, se ele for induzido a pagar caro para lutar pela sua causa, é possível que a vitória não valha a despesa.

Que se fez então para remover essas barreiras para o exercício pleno e igual dos direitos civis? Só uma coisa de substância real, o estabelecimento, em 1846, dos *County Courts* [Tribunais de Condado] para proporcionar justiça barata para as pessoas comuns. Essa importante inovação teve um efeito profundo e benéfico no nosso sistema jurídico e muito fez para desenvolver um adequado senso da importância do pleito apresentado. pelo homem humilde – que geralmente é um caso enorme para os seus padrões. Mas as custas dos *Count Courts* não são insignificantes, e a sua jurisdição é limitada. A segunda maior medida tomada foi o desenvolvimento de um procedimento de gente pobre, sob o qual uma pequena fração dos membros mais pobres da comunidade passou a poder processar *in forma pauperis*, praticamente isenta de qualquer custo, sendo assistida pelos serviços gratuitos e voluntários de advogados. Mas, como o limite de renda era baixíssimo (duas libras esterlinas desde 1919) e os *County Courts* não acolhiam o procedimento, o efeito foi mínimo, a não ser em causas matrimoniais. O serviço suplementar de aconselhamento jurídico gratuito foi, até recentemente, fornecido pelos esforços não remunerados de corpos voluntários. Mas não se esqueceu o problema nem se negou a realidade dos defeitos do nosso sistema. Isso tem chamado cada vez mais a atenção nos últimos cem anos. A máquina da Royal Commission e o Committee tem sido usada reiteradamente, e resultaram algumas reformas de procedimento. Dois desses Committees estão funcionando agora, mas para mim seria muito impróprio fazer qualquer referência às suas deliberações.[6] Um terceiro, iniciado anteriormente, publicou um relatório no qual se baseia o Legal Aid and Advice Bill [Projeto de Lei de Assistência e Aconselhamento Jurídicos] apresentado ao parlamento há apenas três meses.[7] Esta é uma medida ousada, que vai muito além de qualquer coisa tentada anteriormente para auxiliar os litigantes mais pobres, e voltarei a falar nisso mais adiante.

Os fatos que narrei brevemente evidenciam que se desenvolveu, na última parte do século XIX, um interesse crescente pela igualdade como um princípio de justiça social e uma apreciação do fato de que o reconhecimento formal de uma capacidade igual de direitos não bastava. Teoricamente, mesmo a eliminação completa de todas as barreiras que separavam os direitos civis dos seus remédios não teria interferido nos princípios ou na estrutura de classe do sistema capitalista. Na verdade, isso teria criado uma situação que muitos partidários da economia de mercado competitivo presumiriam, equivocadamente,

---

6 O Austin Jones Committee on County Court Procedures e o Evershed Committee on Supreme Court Practice and Porecedure. Foram publicados o relatório do primeiro e um relatório provisório do segundo.

7 The Rushcliffe Committee on Legal Aid and Legal Advice in England and Wales.

que já existia. Mas, na prática, a atitude mental que inspirou os esforços para suprimir essas barreiras originou-se em uma concepção de valor social igual, não simplesmente de direitos naturais iguais. Assim, embora tenha feito pouco para reduzir a desigualdade social mesmo no fim do século XIX, a cidadania ajudou a guiar o progresso no caminho que levava diretamente às políticas igualitárias do século XX.

Ela também teve um efeito integrador ou, pelo menos, foi um importante ingrediente em um processo de integração. Em uma passagem que mencionei há pouco, Maine dizia que as sociedades pré-feudais eram unidas por um sentimento e fortalecidas por uma ficção. Ele se referia ao parentesco ou à ficção da descendência comum. A cidadania requer um vínculo de tipo diferente, um sentido direto de pertencimento a uma comunidade com base na lealdade a uma civilização que é uma posse comum. Trata-se da lealdade de homens livres dotados de direitos e protegidos por uma lei comum. O seu crescimento é estimulado tanto pela luta para conquistar esses direitos quanto pelo seu desfrute quando conquistados. Isso nós vemos claramente no século XVIII, que presenciou o nascimento não só dos direitos civis modernos como também o da consciência nacional. Os instrumentos conhecidos da democracia moderna foram moldados pelas classes superiores e, a seguir, transmitidos, passo a passo, para as classes inferiores: ao jornalismo político para a *intelligentsia* seguiram-se os jornais para todos os que sabiam ler: reuniões públicas, campanhas de propaganda e associações para o fomento das causas públicas. As medidas repressivas e os impostos foram incapazes de deter a inundação. E, com ela, veio um nacionalismo patriótico que expressava a unidade subjacente a essas explosões controversas. É difícil dizer o quanto ele era profundo e generalizado, mas não há a menor dúvida quanto ao vigor da sua manifestação externa. Nós ainda usamos certas músicas típicas do século XVIII, "God Save the King" e "Rule Britannia", porém omitimos as passagens que ofenderiam a nossa sensibilidade moderna e mais moderada. Essa patriotice farofeira e a "agitação popular e parlamentar" que Temperley achou que fosse "o principal fator causador da guerra" da orelha de Jenkins,[8] eram fenômenos novos, nos quais se pode reconhecer o primeiro fiozinho de água que se transformaria na vasta enxurrada do esforço de guerra nacional do século XX.

Essa consciência nacional crescente, esse despertar da opinião pública e essas primeiras comoções de um senso de pertencimento comunitário e de herança comum não tiveram nenhum efeito material na estrutura de classe e na desigualdade social pelo motivo simples e óbvio de que, mesmo no fim do século XIX, a massa da classe trabalhadora não exercia nenhum poder político efetivo. Naquela época, o direito de voto era bastante amplo, mas os que o haviam recebido recentemente ainda não tinham aprendido a usá-lo. Os direitos políticos da cidadania, ao contrário dos direitos civis, estavam repletos de perigos potenciais para o sistema capitalista, mas aqueles que estavam estendendo cautelosamente a escala social para baixo provavelmente não perceberam quão grande era o perigo. Não

---

8 Robertson, *England under the Hanoverians*, p.491. [A Guerra da orelha de Jenkins foi uma disputa bélica entre frotas espanholas e inglesas na região do Caribe, ocorrida entre 1739 e 1741. O nome do conflito vem da suposta mutilação da orelha do capitão do navio britânico Rebeca, que fora capturado pelos espanhóis. N. T.].

se podia esperar que eles previssem as grandes mudanças que o uso pacífico do poder político era capaz de suscitar, sem uma revolução violenta e sangrenta. A sociedade planificada e o Estado de bem-estar social ainda não haviam surgido no horizonte nem eram visíveis para o político prático. Os fundamentos da economia de mercado e o sistema contratual pareciam suficientemente fortes para enfrentar qualquer assalto provável. Na verdade, não faltavam motivos para esperar que as classes trabalhadoras, à medida que se tornassem educadas, aceitassem os princípios básicos do sistema e se contentassem em contar, para a sua proteção e prosperidade, com os direitos civis da cidadania, que não continham nenhuma ameaça óbvia ao capitalismo competitivo. Tal opinião era estimulada pelo fato de uma das principais realizações do poder político, no fim do século XIX, ser o reconhecimento do direito de negociação coletiva. Isso significava que se buscava o progresso social pelo fortalecimento dos direitos civis, não pela criação de direitos sociais; por meio da utilização do contrato no mercado aberto, não por meio de um salário mínimo e da previdência social.

Não obstante, tal interpretação subestima o significado dessa extensão de direitos civis na esfera econômica. Pois os direitos civis eram, na origem, intensamente individuais, por isso se harmonizavam com a fase individualista do capitalismo. Pelo dispositivo da incorporação, os grupos tinham a possibilidade de atuar legalmente como indivíduos. Mas a posição dos sindicatos era ainda mais anômala, porque eles não procuravam nem obtinham incorporação. Por isso, podiam exercer direitos civis vitais coletivamente em nome dos seus membros sem responsabilidade coletiva formal, ao passo que a responsabilidade individual dos operários em relação ao contrato era em grande medida inexequível. Esses direitos civis passaram a ser, para os trabalhadores, um instrumento para elevar o seu *status* social e econômico, ou seja, para estabelecer a afirmação segundo a qual, na qualidade de cidadãos, eles estavam habilitados a exercer certos direitos sociais. Mas o método normal de instituir direitos sociais é pelo exercício do poder político, pois eles implicam um direito absoluto a certo padrão de civilização que só é condicionado pelo cumprimento dos deveres gerais de cidadania. O seu conteúdo não depende do valor econômico do reclamante individual. Portanto, há uma diferença significativa entre uma genuína negociação coletiva, por meio da qual as forças econômicas em um mercado livre procuram alcançar o equilíbrio e o uso dos direitos civis coletivos para assegurar as reivindicações básicas aos elementos de justiça social. Assim, a aceitação da negociação coletiva não era simplesmente uma extensão natural dos direitos civis; representava a transferência de um importante processo da esfera política para a esfera civil da cidadania. Mas "transferência" talvez seja um termo enganoso, pois, na época em que isso aconteceu, os trabalhadores não possuíam ou ainda não tinham aprendido a usar o direito político do voto. Desde então, obtiveram e fizeram pleno uso desse direito. O sindicalismo criou, portanto, um sistema secundário de cidadania industrial paralelo e complementar ao sistema de cidadania política.

É interessante comparar esse desenvolvimento com a história da representação parlamentar. Nos primeiros parlamentos, diz Pollard, "a representação não era de modo algum encarada como um meio de expressar o direito individual ou de encaminhar interesses individuais. Representadas eram as comunidades, não os indivíduos".[9] E, olhando para a situação na véspera da Reform Act de 1918, ele acrescentou: "O parlamento, em vez de representar comunidades ou famílias, passou a representar unicamente indivíduos".[10] Um sistema de sufrágio masculino e feminino trata o voto como a voz do indivíduo. Os partidos políticos organizam essas vozes para a ação grupal, mas o fazem nacionalmente, não com base em função, localidade ou interesse. No caso dos direitos civis, o movimento tomou a direção oposta, não o da representação das comunidades para a dos indivíduos, mas da representação dos indivíduos para a das comunidades. E Pollard mostra outro ponto. Uma característica do sistema parlamentar inicial, diz ele, era a de os representantes serem aqueles que tinham tempo, meios e inclinação para fazer o trabalho. A eleição pela maioria dos votos e a responsabilidade rigorosa para com os eleitores não eram essenciais. Os eleitorados não instruíam os seus parlamentares, e se desconheciam as promessas eleitorais. Os parlamentares "eram eleitos para controlar os seus eleitores, não para ser controlados por eles".[11] Não é tão assombroso sugerir que algumas dessas características se reproduzem nos sindicatos modernos, ainda que, claro está, com muitas diferenças profundas. Uma delas é que os sindicalistas, longe de assumir um oneroso trabalho não remunerado, inauguram uma carreira remunerada. Essa observação não tem a intenção de ser ofensiva, mesmo porque não convém a um professor universitário criticar uma instituição pública porque os seus negócios são administrados por empregados pagos.

---

9 Pollard, *The Evolution of Parliament*, p.155.
10 Ibid., p.165.
11 Ibid., p.152.

Tudo quanto eu disse até agora serviu de introdução à minha tarefa principal. Não tentei apresentar-lhes fatos novos selecionados por laboriosas pesquisas. O limite da minha ambição foi reagrupar fatos conhecido em uma ordem que permita a alguns dos presentes enxergá-los por uma perspectiva nova. Achei necessário fazer isso a fim de preparar o terreno para o estudo mais difícil, especulativo e controverso do cenário contemporâneo, no qual o papel principal é desempenhado pelos direitos sociais de cidadania. É para o impacto deles sobre a classe social que agora devo voltar a atenção.

4
Os direitos sociais no século XX

Durante o período do qual falei até aqui, o crescimento da cidadania, por mais substancial e impressionante que fosse, teve pouco efeito na desigualdade social. Os direitos civis deram poderes jurídicos cujo uso foi drasticamente reduzido pelo preconceito de classe e a falta de oportunidade econômica. Os direitos políticos deram um poder potencial cujo exercício exigia experiência, organização e uma mudança de ideias acerca das funções adequadas do governo. Tudo isso levou tempo para se desenvolver. Os direitos sociais eram mínimos e não se inseriam no tecido da cidadania. O objetivo comum dos esforços estatutários e voluntários era diminuir o incômodo da pobreza sem perturbar o padrão de desigualdade de que a pobreza era a consequência mais obviamente desagradável.

Um novo período se abriu no fim do século XIX, convenientemente marcado pela pesquisa de Booth sobre Life and Labour of the People in London and the Royal Commission on the Aged Poor [A vida e o trabalho do povo em Londres e a comissão real sobre o pobre idoso]. Ela enxergou o grande avanço em direitos sociais, e isso envolveu mudanças significativas nos princípios igualitários expressos na cidadania. Mas também havia outras forças em atividade. Um aumento das rendas monetárias distribuídas desigualmente entre as classes sociais alterou a distância econômica que separava aquelas classes entre si, diminuindo a brecha entre mão de obra qualificada e não qualificada e entre mão de obra qualificada e trabalhadores não manuais, enquanto o aumento constante das pequenas poupanças embaçava a diferença de classe entre o capitalista e o proletário sem propriedade. Em segundo lugar, um sistema de tributação direta, cada vez mais excessivamente graduado, comprimia toda a escala de rendimentos disponíveis. Em terceiro, a produção em massa para o mercado interno e um interesse crescente, por parte da indústria, pelas necessidades e os gostos da gente comum possibilitaram aos menos abastados desfrutar de uma civilização material que, em qualidade, diferia da dos ricos menos marcadamente do que antes. Tudo isso alterou profundamente o cenário em que se deu o progresso da cidadania. A integração social propagou-se da esfera do sentimento e do patriotismo para a do prazer material. Os componentes de uma vida civilizada e cultivada, outrora monopólio de poucos, foram levados progressivamente ao alcance de muitos, que, assim, sentiram-se incentivados a estender a mão para aqueles que ainda se eximiam de apertá-la. A diminuição da desigualdade fortaleceu a exigência da sua abolição, pelo menos no que dizia respeito ao essencial do bem-estar social.

Essas aspirações foram parcialmente atendidas pela incorporação dos direitos sociais ao *status* de cidadania e pela criação de um direito universal à renda real que não é proporcional ao valor de mercado do requerente. A atenuação da desigualdade de classes [*class-abatement*] ainda é a meta dos direitos sociais, mas adquiriu um novo significado. Já não é meramente uma tentativa de diminuir o óbvio incômodo da carência nas categorias inferiores da sociedade. Assumiu a aparência de ação modificadora de todo o padrão de desigualdade social. Já não se contenta em elevar o nível do piso do porão do edifício social, deixando a superestrutura tal como era. Começou a remodelar todo o prédio, e pode até acabar transformando um arranha-céu em um bangalô. Por isso é importante ponderar se tal objetivo último está implícito na natureza desse desenvolvimento ou se, como eu afirmei no início, existem limites naturais para o impulso contemporâneo rumo a uma maior igualdade social e econômica. Para responder a essa pergunta, tenho de vistoriar e analisar os serviços sociais do século XX.

Eu disse anteriormente que as tentativas de remover as barreiras entre os direitos civis e os seus remédios evidenciou uma nova atitude em relação ao problema da igualdade. Assim, posso iniciar convenientemente a minha inspeção examinando o mais recente exemplo dessa tentativa, o Projeto de Lei da Assistência e do Aconselhamento Jurídicos, que oferece um serviço social destinado a fortalecer o direito civil do cidadão para resolver as suas disputas em um tribunal de justiça. Também nos coloca frente a frente com uma das principais questões do nosso problema, a possibilidade de combinar em um sistema os dois princípios de justiça social e de preço de mercado. O Estado não está disposto a tornar a administração da justiça grátis para todos. Um dos motivos disso – se bem que, naturalmente, não o único – é que as custas têm uma função útil ao desencorajar o litígio frívolo e encorajar a aceitação de acordos razoáveis. Se todas as ações iniciadas fossem a julgamento, a máquina da Justiça entraria em colapso. Além disso, o valor que é adequado gastar em um caso depende muito de quanto vale para as partes e, acerca disso, argumenta-se que elas mesmas são os únicos juízes. É muito diferente em um serviço de saúde, no qual a gravidade da doença e a natureza do tratamento indicado pode ser avaliado objetivamente com pouquíssima referência à importância que o paciente lhe dá. Contudo, embora se exija algum pagamento, este não deve tomar uma forma que prive o litigante do seu direito à justiça ou o deixe em desvantagem diante do oponente.

As principais disposições do programa são as seguintes: o serviço se limitará a uma classe econômica – aqueles cujo rendimento e o capital disponíveis não excedam respectivamente 420 libras esterlinas e 500 libras esterlinas.[1] "Disponível" significa o saldo após consideráveis deduções permitidas para dependentes, aluguel, propriedade de casa, ferramentas e assim por diante. A contribuição máxima do litigante para as suas próprias despesas limita-se à metade do excesso da sua renda disponível acima de 75 libras esterlinas. A sua responsabilidade pelas custas da outra parte, se perder a ação, fica inteiramente ao critério do tribunal. Ele terá a assistência profissional de advogado e instrutor de um painel de voluntários, os quais serão remunerados por serviços prestados, no Tribunal Superior (e acima), a taxas 15% abaixo do que a autoridade tributária consideraria razoável no mercado livre e, no Tribunal de Condado, de acordo com escalas uniformes não fixas.

---

1 Mesmo quando o capital disponível exceder 500 libras esterlinas, a assistência jurídica pode ser concedida, a critério do comitê local, se a renda disponível não superar 420 libras esterlinas.

Como veremos, o programa faz uso dos princípios do limite de renda e da averiguação de posses, que acabavam de ser abandonados nos outros importantes serviços sociais. E a aplicação da averiguação de posses – ou a apuração da contribuição máxima – ficará a cargo do Conselho Nacional de Assistência, cujos dirigentes, além de fazer os abonos previstos no regulamento, "terão poderes discricionários gerais que lhes permitam deduzir do rendimento as importâncias que eles normalmente desconsideram ao lidar com um pedido de assistência ao abrigo da Lei de Assistência Nacional de 1948".[2] Será interessante ver se essa conexão com a antiga Poor Law tornará a Assistência Jurídica desagradável para muitos que têm o direito de fazer uso dela, entre os quais se incluem pessoas com renda elevada de até 600 ou 700 libras esterlinas por ano. Todavia, independentemente dos agentes empregados para aplicá-la, a razão para introduzir uma averiguação de posses é clara. O preço pagável pelos serviços do tribunal e do profissional da lei tem um papel útil ao testar a urgência da demanda. Portanto, deve ser mantido. Mas o impacto do preço sobre a demanda será menos desigual se se ajustar a conta à renda à qual ela deve corresponder. O método de ajuste se parece com a operação de um imposto progressivo. Se considerarmos somente a renda e ignorarmos o capital, veremos que um homem com uma renda de 200 libras esterlinas estaria sujeito a contribuir com 22 libras, ou 11% da sua renda, e um homem com uma renda máxima de 420 libras teria uma contribuição máxima de 132 libras, ou acima de 31% dessa renda.

---

2 Cmd. 7563: Summary of the Proposed New Service, p.7, § 17.

Um sistema desse tipo pode funcionar muito bem (presumindo que a escala de ajuste seja satisfatória) desde que o preço de mercado do serviço seja razoável para a renda mais baixa que não se qualifica para a assistência. Então, a escala de preço pode diminuir a partir desse ponto crucial até desaparecer ali onde a renda é demasiado baixa para pagar o que quer que seja. Não aparecerá nenhuma lacuna problemática no topo entre o assistido e o não assistido. O método é usado nas bolsas de estudo estatais para universidades. Nesse caso, o custo a ser coberto é o valor padronizado para a manutenção mais as taxas. Fazem-se as deduções a partir da renda bruta dos pais em linhas semelhantes às propostas para a Assistência Jurídica, só que o imposto de renda não é deduzido. O valor resultante é conhecido como "renda de escala". Isso se aplica a uma tabela que mostra a contribuição dos pais em cada ponto da escala. A renda de escala inferior a 600 libras esterlinas não paga nada, e o teto deve subir "a pelo menos 2.000 libras" (antes dos impostos),[3] o que é uma linha de pobreza bastante generosa para um serviço social. Não é desarrazoado supor que, naquele nível de renda, o custo de mercado de uma educação universitária possa ser coberto pela família sem maiores dificuldades.

O Programa de Assistência Judiciária provavelmente há de funcionar do mesmo modo nos processos do Tribunal de Condado, nos quais as custas são moderadas. Aqueles cuja renda se acha no topo da escala normalmente não recebem nenhum subsídio para as suas despesas, mesmo que percam o caso. Eles

---

3 Ministry of Education, *Report of the Working Party on University Awards*, 1918, § 60. O relato geral do sistema atual foi tirado da mesma fonte.

se verão, portanto, na mesma posição dos que estão fora do programa, e não aparecerá nenhuma lacuna inadequada. Os litigantes que entram no programa, no entanto, obtêm assistência jurídica profissional a um preço controlado e reduzido, um privilégio valioso por si só. Mas em um pesado caso de Tribunal Superior a contribuição máxima do homem no topo da escala estaria longe de ser suficiente para cobrir as suas custas se ele fosse derrotado. A sua responsabilidade sob o programa poderia, portanto, ser muitas vezes menor que a de um homem fora do programa que lutou e perdeu uma ação idêntica. Em tais casos, a lacuna pode ser muito perceptível, o que é particularmente grave em litígios que assumem a forma de disputa. Esta pode ser entre um litigante assistido e um não assistido, e eles lutarão sob regras diferentes. Um será protegido pelo princípio da justiça social, ao passo que o outro ficará à mercê do mercado e das obrigações ordinárias impostas pelo contrato e pelas regras do tribunal. Em alguns casos, uma medida de atenuação da desigualdade de classes pode criar uma forma de privilégio de classe. Se isso acontece ou não depende muito do conteúdo das regras ainda não publicadas e do modo como o tribunal usar o seu poder de decisão ao conceder custas contra litigantes assistidos que perdem as suas ações.

Essa dificuldade particular poderia ser superada se o sistema fosse universalizado, ou quase, alçando a escala de contribuições máximas a níveis muito mais elevados. Em outras palavras, a averiguação de posses podia ser preservada, mas o limite de renda cairia. Mas isso significaria incluir no programa todos ou quase todos os profissionais da lei e submeter os seus serviços a preços controlados. Isso quase corresponderia à nacionalização da profissão, no que diz respeito ao litígio, ou assim provavelmente pareceria aos advogados, cuja profissão é inspirada por um forte espírito de individualismo. E o desaparecimento do exercício privado da profissão privaria as autoridades tributárias de um padrão pelo qual fixar o preço controlado.

Eu escolhi esse exemplo para ilustrar algumas das dificuldades que surgem quando se tenta combinar os princípios de igualdade social com o sistema de preços. O ajuste diferencial de preços por escala para rendas diferentes é um método para fazê-lo. Foi muito usado pelos médicos e os hospitais até que o National Health Service [Serviço Nacional de Saúde] tornasse a prática desnecessária. Isso libera a renda real, em certas formas, da dependência da renda monetária. Se o princípio fosse aplicado universalmente, as diferenças de renda monetária perderiam o significado. O mesmo resultado poderia ser obtido mediante a igualação de todas as rendas brutas ou transformando as rendas brutas desiguais em rendas líquidas iguais através da tributação. Os dois processos ocorrem até certo ponto. Os dois são controlados pela necessidade de preservar as rendas diferenciais como fonte de incentivo econômico. Porém, quando se combinam métodos diferentes de fazer quase a mesma coisa, é possível levar o processo muito além sem perturbar a máquina econômica, porque suas várias consequências não se somam facilmente, e o efeito total pode passar despercebido na confusão geral. E convém recordar que as grandes rendas monetárias fornecem a régua com que nós, tradicionalmente, avaliamos a realização e o prestígio sociais e econômicos. Mesmo que tenham perdido todo o sentido em termos de renda real, elas podem seguir funcionando tal como as insígnias e condecorações, como incentivos ao esforço e emblemas do sucesso.

Sem embargo, tenho de voltar à minha pesquisa dos serviços sociais. O princípio mais conhecido em uso não é, claro está, o preço escalonado (que acabei de discutir), e sim o mínimo garantido. O Estado garante um estoque mínimo de certos bens e serviços essenciais (como atendimento e suprimentos médicos, abrigo e educação) ou uma renda monetária mínima disponível a ser gasta em itens essenciais — como, no caso das pensões de idosos, benefícios de seguro e abonos de família. Quem for capaz de exceder o mínimo garantido por conta de recursos próprios tem a liberdade de fazê-lo. Tal sistema parece, à primeira vista, uma versão mais generosa da atenuação da desigualdade de classes na sua forma original. Eleva o nível do piso no porão sem achatar automaticamente a superestrutura. Mas os seus efeitos merecem um exame mais detido.

O grau de equalização alcançado depende de quatro coisas — se o benefício é oferecido a todos ou a uma classe limitada; se tem a forma de pagamento monetário ou de serviço prestado; se o mínimo é elevado ou baixo; e como o dinheiro para pagar o benefício é arrecadado. Os benefícios em dinheiro sujeitos ao limite de renda e à averiguação de posses tiveram um efeito equalizador simples e óbvio. Alcançaram a atenuação da desigualdade de classes no sentido inicial e limitado da expressão. A meta era garantir que todos os cidadãos obtivessem pelo menos o mínimo prescrito, fosse por recursos próprios, fosse com assistência caso não pudessem obtê-lo sem ela. O benefício só era concedido a quem dele precisasse, e, assim, eliminaram-se as desigualdades na parte inferior da escala. O sistema operava na forma mais simples e mais impecável no caso da Poor Law e pensões de idosos. Mas a equalização econômica pode se fazer acompanhar por discriminação de classe. O estigma associado à Poor Law tornou "pobre" um termo depreciativo com que se designava uma classe. "Pensionista idoso" podia ter um pouco do mesmo sabor, mas sem a mancha da vergonha.

O efeito geral do seguro social, quando limitado a um grupo de renda, era parecido. A diferença estava em não haver a averiguação de posses. A contribuição dava direito ao benefício. Mas, em termos gerais, a renda do grupo aumentou porque os benefícios são superiores ao seu gasto total em contribuições e impostos adicionais, e, desse modo, a diferença de renda entre ele e os grupos situados acima dele se reduziu. É difícil estimar o efeito exato, devido à ampla gama de rendimentos no interior do grupo e à incidência variável dos riscos cobertos. Quando o programa se estendeu a todos, a lacuna se reabriu, embora, uma vez mais, tenhamos de levar em conta os efeitos combinados da taxa fixa regressiva e da tributação parcialmente progressiva que contribuiu para o financiamento do programa. Nada me induzirá a entrar numa discussão sobre esse problema. Mas um programa total é menos especificamente uma atenuação da desigualdade de classes, no sentido puramente econômico, do que um programa limitado, e o seguro social é menos um programa limitado do que um serviço de averiguação de posses. Os benefícios de taxa fixa não reduzem as discrepâncias entre as diferentes rendas. O seu efeito equalizador depende do fato de eles fazerem uma adição percentual maior para as rendas modestas do que para as elevadas. E, embora o conceito de utilidade marginal decrescente (se ainda se pode falar nisso) só possa ser rigorosamente aplicado ao aumento da renda de um indivíduo imutável, essa continua sendo uma questão de certo significado. Quando um serviço gratuito, como no caso da saúde, é estendido de um grupo de renda limitada para toda a população, o efeito direto é em parte o aumento da desigualdade das rendas disponíveis, novamente sujeito a modificação pela incidência de impostos. Para os membros da classe média, que costumavam pagar os seus médicos, essa parte da renda é liberada para despesas com outras coisas.

Estou patinando cautelosamente sobre esse gelo finíssimo para fazer uma observação. A extensão dos serviços sociais não é fundamentalmente um meio de igualar as rendas. Em alguns casos pode fazê-lo; em outros, não. A questão é relativamente desimportante; pertence a outro departamento da política social. O que importa é que haja um enriquecimento geral da substância concreta da vida civilizada, uma redução geral do risco e da insegurança, uma equalização entre os mais e os menos afortunados em todos os níveis — entre o saudável e o doente, o empregado e o desempregado, o velho e o ativo, o solteiro e o pai de família grande. A equalização não ocorre tanto entre as classes quanto entre os indivíduos dentro de uma população que agora é tratada para esse propósito como se fosse uma classe. A igualdade de *status* é mais importante que a igualdade de renda.

Mesmo quando os benefícios são pagos em dinheiro, essa fusão de classes se expressa exteriormente na forma de uma nova experiência comum. Todos aprendem o que significa ter um cartão de seguro que precisa ser carimbado regularmente (por alguém) ou receber abonos de crianças ou pensões no correio. Mas, quando o benefício toma a forma de um serviço, o elemento qualitativo entra no próprio benefício, e não só no processo pelo qual ele é obtido. A extensão de tais serviços pode, pois, ter um efeito profundo sobre os aspectos qualitativos de diferenciação social. As antigas escolas primárias, embora abertas para todos, eram usadas por uma classe social (uma reconhecidamente muito grande e variada) para a qual nenhum outro tipo de educação era acessível. Seus membros eram criados segregados das classes mais altas e sob influências que deixavam a sua marca nas crianças a elas submetidas. "Ex-aluno de escola primária" passou a ser um rótulo que um homem podia levar consigo o resto da vida, e apontava para uma distinção de caráter real, e não meramente convencional. Porque um sistema educacional dividido, ao promover tanto semelhança intraclasse quanto diferença interclasses, dava ênfase e precisão a um critério de distância social. Como disse o professor Tawney, traduzindo as opiniões dos educadores para a sua prosa inimitável: "A intromissão das vulgaridades do sistema de classes na organização educacional é uma irrelevância tão perniciosa no efeito quanto odiosa na concepção".[4] O limitado serviço era fazedor de classe ao mesmo tempo que reduzia classe. Hoje em dia, a segregação ainda ocorre, mas a educação subsequente, disponível a todos, possibilita uma reclassificação. Dentro em pouco, terei de averiguar se a classe interfere de modo diferente nessa reclassificação.

Do mesmo modo, o antigo serviço de saúde acrescentou *"panel patient"** [paciente em painel] ao nosso vocabulário de classe social, e agora muitos membros das classes médias estão aprendendo o significado exato da expressão. Mas a extensão do serviço reduziu a importância social da distinção. A experiência comum oferecida por um serviço de saúde geral abrange todos, salvo uma pequena minoria no topo, e se espalha pelas importantes barreiras de classe nas categorias médias da hie-

---

4 Tawney, *Secondary Education for All*, p.64.

* *Panel patient*: o paciente assegurado no âmbito do Plano Nacional de Seguro-Saúde britânico. (N. T.)

rarquia. Ao mesmo tempo, o mínimo garantido foi elevado a tal altura que o termo "mínimo" se tornou inapropriado. A intenção, pelo menos, é fazê-lo se aproximar tanto do máximo razoável que os extras que os ricos ainda podem comprar não sejam mais que babados e luxos. O serviço fornecido, não o serviço adquirido, converte-se na norma do bem-estar social. Alguns pensam que, em tais circunstâncias, o setor independente não sobreviverá muito tempo. Se ele desaparecer, o arranha-céu terá se transformado num bangalô. Se o sistema atual prosseguir e atingir os seus ideais, o resultado pode ser descrito como um bangalô encimado por um torreão arquitetonicamente insignificante.

As prestações em forma de serviço têm a característica adicional de os direitos do cidadão não poderem ser definidos com precisão. O elemento qualitativo é excessivamente grande. Pode-se garantir um mínimo de direitos legalmente executáveis, mas o que importa para o cidadão é a superestrutura de expectativas legítimas. Pode ser bem fácil oferecer a toda criança abaixo de certa idade a possibilidade de passar o número de horas obrigatórias na escola. É muito mais difícil satisfazer a expectativa legítima de que a educação seja dada por professores preparados, em classes de tamanho razoável. Todo cidadão que o desejar pode obter consulta com um médico. É muito mais difícil garantir que as suas doenças recebam o tratamento adequado. E assim descobrimos que a legislação, em vez de ser o passo decisivo para a efetivação imediata da política, adquire cada vez mais o caráter de uma declaração de política que se espera que um dia entre em vigor. Pensamos imediatamente em faculdades e centros de saúde municipais. A taxa de progresso depende da magnitude dos recursos nacionais e da sua distribuição entre as reivindicações concorrentes. O Estado tampouco pode prever facilmente quanto lhe custará cumprir as suas obrigações, pois, à medida que o padrão de serviço esperado aumenta – coisa que ocorre inevitavelmente em uma sociedade progressista –, as obrigações ficam automaticamente mais pesadas. O alvo está sempre avançando, e é possível que o Estado nem sempre seja capaz mantê-lo totalmente ao seu alcance. Segue-se que os direitos individuais têm de se subordinar aos planos nacionais.

As expectativas oficialmente reconhecidas como legítimas não são reivindicações que têm de ser atendidas em cada caso quando apresentadas. Elas se tornam, por assim dizer, pormenores em um projeto para a vida em comunidade. A obrigação do Estado é para com a sociedade como um todo, cujo remédio, em caso de falha, cabe ao parlamento ou ao conselho local, não aos cidadãos, cujo remédio se encontra na Justiça ou, pelo menos, em um tribunal quase judiciário. A manutenção de um equilíbrio justo entre esses elementos coletivos e individuais nos direitos sociais é uma questão de importância vital para o Estado democrático socialista.

O ponto que acabei de demonstrar torna-se claríssimo no caso da habitação. Aqui, a posse das moradias existentes tem sido protegida por firmes direitos jurídicos que se podem fazer cumprir em um tribunal. O sistema tornou-se complicadíssimo porque cresceu gradualmente, e não se pode sustentar que os benefícios são distribuídos igualmente em proporção à necessidade real. Contudo, o direito básico do cidadão individual de ter morada é mínimo. Ele não pode reivindicar mais do que um teto sobre a cabeça, e a sua reivindicação pode ser atendida, como vimos nos últimos anos, pelo acolhimento em um cinema abandonado transformado em albergue. Entretanto, a obrigação geral do Estado perante a sociedade coletivamente, no que diz respeito à habitação, é uma das mais pesadas que lhe cabe cumprir. A política pública deu, inequivocamente, ao cidadão a expectativa legítima de um lar adequado à habitação de uma família, e, atualmente, a promessa não se restringe aos heróis. É verdade que, ao lidar com reivindicações individuais, as autoridades trabalham, tanto quanto possível, com uma escala de priorização de necessidades. Mas, quando se remove uma favela, se remodela uma cidade ou se planeja uma nova, as reivindicações individuais têm de se subordinar ao programa geral de avanço social. Entra um elemento de fortuitidade e, portanto, de desigualdade. Uma família pode ser transferida antes da sua vez para uma casa-modelo porque ela faz parte de uma comunidade agendada para tratamento antecipado. Outra terá de esperar, embora o seu estado físico seja pior que o da primeira. À medida que o trabalho prossegue, ainda que as desigualdades desapareçam em muitos lugares, em outros elas podem ser mais visíveis. Permitam-me dar um pequeno exemplo. Na cidade de Middlesbrough, parte da população de uma região deteriorada foi transferida para um novo conjunto habitacional. Descobriu-se que, entre as crianças nesse novo conjunto, uma em oito que disputavam vagas nas escolas secundárias era bem-sucedida. Na parte da mesma população original que permaneceu na região deteriorada, a proporção era uma em 154.[5] O contraste é tão surpreendente que a gente hesita em dar a isso uma explicação precisa, mas esse conti-

---

5 Glass, *The Social Background of a Plan*, p.129.

nua sendo um exemplo impressionante de desigualdade entre indivíduos apresentando-se como o resultado provisório da progressiva satisfação dos direitos sociais coletivos. Por fim, quando o programa habitacional estiver concluído, tais desigualdades devem desaparecer.

Há outro aspecto da política habitacional que, segundo me parece, implica a intrusão de um novo elemento nos direitos de cidadania. Ele entra em jogo quando o projeto de vida, ao qual eu disse que os direitos individuais devem estar subordinados, não se limita a uma seção na base da escala social nem a um tipo particular de necessidade, mas cobre os aspectos gerais da vida de toda uma comunidade. Nesse sentido, planejamento urbano é planejamento total. Ele não só trata a comunidade como um todo como também afeta e tem de levar em conta todas as atividades, costumes e interesses sociais. Almeja a criação de novos ambientes físicos que fomentarão o crescimento de novas sociedades humanas. Tem de decidir como essas sociedades devem ser e tenta prever todas as diversidades importantes que elas devem conter. Os planejadores urbanos gostam de dizer que o seu objetivo é uma "comunidade equilibrada". Isso significa uma sociedade que contenha uma mistura adequada de todas as classes sociais, bem como de grupos etários, sexuais, ocupacionais e assim por diante. Eles não querem construir bairros operários e bairros de classe média, mas se propõem a construir casas de operários e casas de classe média. Seu objetivo não é uma sociedade sem classes, e sim uma sociedade em que as diferenças de classe sejam legítimas em termos de justiça social, e em que, portanto, as classes cooperem mais estreitamente do que no presente para o benefício comum de todos. Quando uma autoridade de planejamento decide que precisa de uma porcentagem maior de classe média na sua cidade (como costuma acontecer) e faz projetos para satisfazer as suas necessidades e corresponder aos seus padrões, não está, como um construtor especulativo, apenas reagindo a uma demanda comercial. Ela precisa reinterpretar a demanda em harmonia com o seu plano total e dar-lhe então a sanção da sua autoridade como o elemento responsável por uma comunidade de cidadãos. O homem de classe média pode dizer, não, "eu virei se você pagar o preço que eu me sinto bastante forte para exigir", mas, "se me quiser como um cidadão, você tem de me dar o *status* que é devido como de direito ao tipo de cidadão que eu sou". Esse é um exemplo do modo como a própria cidadania está se tornando a arquiteta da desigualdade social.

O segundo e mais importante exemplo está no terreno da educação, que também ilustra a minha questão anterior a respeito do equilíbrio entre direitos sociais individuais e coletivos. Na primeira fase da nossa educação pública, os direitos eram mínimos e iguais. Contudo, como observamos, um dever estava ligado ao direito, não simplesmente porque o cidadão tem um dever para consigo, bem como o direito de desenvolver tudo quanto nele há – um dever que nem a criança nem o pai ou a mãe pode avaliar plenamente , mas porque a sociedade reconheceu que precisava de uma população educada. De fato, o século XIX tem sido acusado de considerar somente o ensino primário como um meio de fornecer aos empregadores capitalistas operários mais valiosos, e o ensino superior meramente como um instrumento para aumentar o poder da nação para concorrer com os seus rivais industriais. E vocês devem ter notado que estudos recentes sobre oportunidade educacional nos anos anteriores à guerra tiveram a preocupação de revelar a magnitude do desperdício social, tanto quanto de protestar contra a frustração dos direitos humanos naturais.

Na segunda fase da nossa história do ensino, iniciada em 1902, a escada educacional foi aceita oficialmente como uma parte importante, posto que ainda pequena, do sistema. Mas o equilíbrio entre direitos coletivos e individuais permaneceu praticamente o mesmo. O Estado decidia quanto podia gastar com o ensino secundário e superior gratuitos, e as crianças disputavam o limitado número de vagas oferecidas. Não se pretendia que todos os que pudessem se beneficiar de uma educação mais avançada a obtivessem, tampouco se reconhecia um direito natural absoluto de ser educado de acordo com a capacidade de cada um. Mas na terceira fase, iniciada em 1944, os direitos individuais foram priorizados ostensivamente. A competição por vagas escassas devia ser substituída pela seleção e a distribuição em vagas apropriadas, em número suficiente para acomodar todos, pelo menos no nível da escola secundária. Na Lei de 1944, há uma passagem que diz que não se considerará adequado o suprimento de escolas secundárias enquanto elas "não permitirem que todos os alunos tenham oportunidade de uma educação que ofereça uma variedade de instrução e treinamento que seja desejável em vista das suas diferentes idades, habilidades e aptidões". O respeito pelos direitos individuais não podia ser expresso com mais vigor. No entanto, eu me pergunto se ele funcionará assim na prática.

Se fosse possível para o sistema escolar tratar os alunos inteiramente como um fim em si e considerar que a educação deve lhes oferecer algo cujo valor eles possam desfrutar ao máximo, seja qual for a sua posição na vida subsequente, então seria possível dar ao plano educacional a forma exigida pelas necessidades individuais, independentemente de quaisquer outras considerações. Mas, como todos sabemos, hoje a educação está intimamente ligada à ocupação, e pelo menos um dos valores que o aluno dela espera é obter uma qualificação para obter emprego em um nível adequado. A menos que ocorram grandes mudanças, parece provável que o plano educacional se ajuste à demanda ocupacional. Não se pode fixar bem a proporção entre a escola de gramática, a técnica e a secundária moderna sem referências à proporção entre os empregos de níveis correspondentes. E deve-se buscar um equilíbrio entre os dois sistemas para o bem do próprio aluno. Pois, se um garoto que recebeu o ensino de uma escola de gramática só puder arranjar um emprego de escola moderna, ele ficará magoado e se sentirá enganado. É muito desejável mudar essa atitude, de modo que um rapaz nessas circunstâncias sinta gratidão pela educação que recebeu e não fique ressentido com o seu emprego. Mas fazer essa mudança não é uma tarefa fácil.

Não vejo nenhum sinal de relaxamento dos laços que prendem a educação à ocupação. Pelo contrário, eles parecem estar ficando mais apertados. Tem-se grande e crescente respeito por certificados, matrículas, títulos e diplomas como qualificações para o emprego, e o seu frescor não diminui com o passar do tempo. Um homem de 40 anos pode ser julgado pelo seu desempenho em um exame prestado quando ele tinha 15. A passagem obtida ao sair da escola ou da faculdade é para uma viagem da vida toda. O homem com uma passagem de terceira classe que depois se sente capaz de exigir um lugar no vagão de primeira classe não será admitido, mesmo que se disponha a pagar a diferença. Isso não seria justo com os outros. Ele tem de voltar ao começo e fazer nova reserva, sendo aprovado no exame prescrito. E é improvável que o Estado se ofereça para pagar a tarifa de retorno. Isso, naturalmente, não vale para todo o campo do emprego, mas é uma descrição justa de uma grande e significativa parte dele, cuja extensão vem sendo defendida constantemente. Por exemplo, recentemente, li um artigo no qual se instava que todo aspirante a um cargo administrativo ou gerencial em negócios se qualificasse "sendo aprovado no exame de admissão ou em outro equivalente".[6] Esse desenvolvimento resulta, em parte, da sistematização de técnicas em ocupações cada vez mais profissionais, semiprofissionais e qualificadas, conquanto eu deva confessar que algumas reivindicações dos chamados corpos profissionais de posse exclusiva de qualificação e conhecimento esotéricos me parecem bastante magras. Mas isso também é incentivado pelo requinte do processo seletivo dentro do próprio sistema educacional. Quanto mais confiante for a pretensão da educação de poder peneirar o material humano durante os primeiros anos de vida, tanto mais a mobilidade se concentra nesses anos e, consequentemente, fica limitada daí em diante.

O direito do cidadão nesse processo de seleção e mobilidade é o direito à igualdade de oportunidade. O seu objetivo é eliminar o privilégio hereditário. Na essência, trata-se do igual direito de exibir e desenvolver diferenças, ou desigualdades, o igual direito de ser reconhecido como desigual. Nas primeiras etapas do estabelecimento de tal sistema, o principal efeito é, claro está, revelar igualdades ocultas – possibilitar ao menino pobre

---

6 Bowie, "Management and the Closed Shop", *Industry*, p.15-7, jan. 1949, esp. p.17.

mostrar que é tão bom quanto o rico. Mas o resultado final é uma situação de *status* desigual razoavelmente distribuído a habilidades desiguais. O processo às vezes é associado a ideias de individualismo *laissez-faire*, mas, no sistema educacional, a questão não é de *laissez-faire*, e sim de planejamento. O processo pelo qual se revelam as habilidades, as influências às quais estão sujeitas, os testes pelos quais são medidas e os direitos outorgados como resultado dos testes são todos planejados. A igualdade de oportunidade é oferecida a todas as crianças que ingressam nas escolas primárias, mas, em uma idade precoce, elas geralmente são divididas em três fluxos – o ótimo, o médio e o atrasado. A oportunidade já está se tornando desigual; e as possibilidades das crianças, limitadas. Lá pelos 11 anos de idade, elas voltam a ser testadas, provavelmente por uma equipe de professores, examinadores e psicólogos. Nenhum deles é infalível, mas, às vezes, talvez três errados resultem em um certo. Segue-se a classificação para a distribuição em três tipos de escola secundária. A oportunidade se torna ainda mais desigual, e a chance de mais educação já se restringe a uns poucos selecionados. No fim, a mistura de sementes originalmente enfiadas na máquina sai em pacotes cuidadosamente rotulados, prontas para serem semeadas nos devidos canteiros.

Fiz deliberadamente essa descrição na linguagem do cinismo a fim de chamar a atenção para essa realidade: por mais genuíno que seja o desejo das autoridades educacionais de oferecer variedade suficiente para satisfazer todas as necessidades individuais, elas, em um serviço de massa desse tipo, têm de proceder por repetidas classificações em grupos, e, em cada etapa, isso vem acompanhado de assimilação dentro de cada grupo e diferenciação entre os grupos. Esse é precisamente o modo pelo qual as classes sociais sempre tomaram forma em uma sociedade fluida. As diferenças entre cada classe são desconsideradas por irrelevantes; atribui-se um significado exagerado às diferenças entre as classes. Assim, concebem-se qualidades que, na realidade, são estendidas ao longo de uma escala contínua para criar uma hierarquia de grupos, cada qual com o seu caráter e *status* especiais. As principais características do sistema são inevitáveis e as suas vantagens, particularmente a eliminação dos privilégios herdados, superam os seus defeitos acidentais. Estes podem ser atacados e mantidos dentro de limites, dando-se a maior oportunidade possível para uma segunda reflexão sobre a classificação, tanto no próprio sistema educacional quanto na vida subsequente.

A conclusão importante para o meu argumento é que, através da educação na sua relação com a estrutura ocupacional, a cidadania opera como um instrumento de estratificação social. Não há motivo para deplorar isso, mas devemos ter consciência das suas consequências. O *status* adquirido pela educação é levado para o mundo com o cunho da legitimidade, porque foi conferido por uma instituição destinada a dar ao cidadão os seus justos direitos. Aquilo que o mercado oferece pode ser medido em relação ao que o *status* reivindica. Se aparecer uma grande discrepância, as tentativas subsequentes de eliminá-la tomarão a forma, não a de uma barganha em valor econômico, mas a de um debate sobre direitos sociais. E pode ser que já haja uma grande discrepância entre as expectativas dos que chegam aos graus médios da educação e a situação dos empregos não manuais a que eles normalmente se destinam.

Eu disse anteriormente que, no século XX, a cidadania e o sistema de classe capitalista estão em guerra. Talvez a frase seja muito forte, mas está bem claro que aquela impôs modificações neste. Mas não teríamos razão para presumir, por mais que o *status* seja um princípio conflitante com o contrato, que o sistema de *status* estratificado, que está se internando furtivamente na cidadania, seja um elemento estranho no mundo econômico lá fora. Os direitos sociais na sua forma moderna pressupõem uma invasão do contrato pelo *status*, a subordinação do preço de mercado à justiça social, a substituição da negociação livre pela declaração de direitos. Mas acaso esses princípios são totalmente estranhos à atual prática do mercado ou já estão assentados no próprio sistema contratual? Para mim, é claro que estão.

Como já indiquei, uma das principais realizações do poder político no século XIX foi abrir caminho para o crescimento do sindicalismo ao possibilitar aos trabalhadores o uso coletivo dos seus direitos civis. Foi uma anomalia, pois, até então, os direitos políticos é que eram usados para a ação coletiva, através do parlamento e dos conselhos municipais, ao passo que os direitos civis eram intensamente individuais e, portanto, se harmonizavam com o individualismo do capitalismo incipiente. O sindicalismo criou uma espécie de cidadania industrial secundária, que naturalmente ficou imbuída de um espírito adequado a uma instituição de cidadania. Os direitos civis coletivos foram usados, não meramente para negociar no verdadeiro sentido do termo, mas para a asserção de direitos básicos. A situação era impossível e só podia ser transicional. Os direitos não são matéria adequada para a negociação. Ter de negociar um salário mínimo em uma sociedade que aceita o salário mínimo como um direito social é tão absurdo quanto ter de negociar para poder votar em uma sociedade que aceita o voto como um direito político. No entanto, o início do século XX tentou dar sentido a esse absurdo. Endossou a negociação coletiva como uma operação de mercado normal e pacífica ao mesmo tempo que reconhecia em princípio o direito do cidadão a um padrão mínimo de vida civilizada, que era exatamente o que os sindicatos acreditavam, e com muita razão, que estavam tentando ganhar para os seus membros com a arma da negociação.

Na explosão de grandes greves imediatamente antes da Primeira Guerra Mundial, essa nota de uma demanda concertada de direitos sociais era claramente audível. O governo foi obrigado a intervir. Professou fazê-lo unicamente para proteger o público e fingiu não estar preocupado com as questões em disputa. Em 1912, o sr. Askwith, o principal negociador, disse ao sr. Asquith, o primeiro-ministro, que a intervenção havia fracassado e o prestígio do governo sofrera. Ao que o primeiro-ministro respondeu: "Cada palavra que o senhor falou endossa a opinião que eu formei. Essa é uma degradação do governo".[7] A história não tardou a mostrar que tal visão era um anacronismo. O governo já não podia ficar alheio às disputas industriais, como se o nível dos salários e o padrão de vida dos trabalhadores fossem questões com as quais ele não precisava se preocupar. E quem providenciou a intervenção do governo nas disputas industriais foi o outro lado mediante a intervenção do sindicato no trabalho do governo. Esse desenvolvimento é tanto significativo quanto bem-vindo, desde que as suas implicações sejam plenamente realizadas. No passado,

---

7 Lord Askwith, *Industrial Problems and Disputes*, p.228.

o sindicalismo tinha de afirmar os direitos sociais com ataques vindos de fora do sistema no qual residia o poder. Hoje ele os defende desde dentro, em cooperação com o governo. Nas questões importantes, a crua negociação econômica se converteu em algo mais parecido com uma discussão conjunta de política.

A implicação é que as decisões tomadas desse modo devem inspirar respeito. Se se invoca a cidadania em defesa dos direitos, não se podem desconsiderar os deveres correspondentes da cidadania. Estes não exigem que um homem sacrifique a sua liberdade individual nem que se submeta sem questionar a todas as exigências feitas pelo governo. Mas requerem, sim, que os seus atos se inspirem em um forte senso de responsabilidade pelo bem-estar da comunidade. Os líderes sindicais em geral aceitam essa implicação, mas isso não vale para todos os membros da base. As tradições desenvolvidas em uma época em que os sindicatos lutavam pela sua existência, e quando as condições do emprego dependiam inteiramente do resultado de negociações desiguais, dificultam muito a sua aceitação. A greves extraoficiais tornaram-se muito frequentes, e é claro que um elemento importante nas disputas industriais é a discordância entre os líderes sindicais e certos setores dos membros do sindicato. Ora, os deveres podem derivar do *status* ou do contrato. As lideranças extraoficiais são propensas a rejeitar ambos. As greves geralmente envolvem a violação do contrato ou o repúdio dos acordos. Recorre-se a algum suposto princípio superior – na realidade, apesar de que isso não se possa afirmar expressamente, aos direitos de *status* da cidadania industrial. Hoje há muitos precedentes para a subordinação do contrato ao *status*. Talvez o mais conhecido se encontre no nosso manejo do problema da habitação. Os aluguéis são controlados; e os direitos dos inquilinos, protegidos depois que seus contratos venceram, casas são requisitadas, os acordos livremente celebrados são anulados ou modificados por tribunais que aplicam os princípios da equidade social e do preço justo. A inviolabilidade do contrato cede às exigências da política pública, e não estou absolutamente insinuando que não deva ser assim. Mas, se as obrigações de contrato forem descartadas mediante um apelo aos direitos da cidadania, é preciso também aceitar os deveres da cidadania. Em algumas recentes greves extraoficiais, parece-me que se tentou reivindicar tanto o direito do *status* quanto o de contrato ao mesmo tempo que se rejeitavam os respectivos deveres.

No entanto, a minha principal preocupação não é a natureza das greves, e sim a atual concepção do que constitui um salário justo. Parece-me claro que essa concepção inclui a noção de *status*. Este entra em toda discussão sobre taxas salariais e sobre salários profissionais. Pergunta-se: quanto *deve* ganhar um médico especialista ou um dentista? O dobro do salário de um professor universitário seria certo ou não basta? E, é claro, o sistema previsto é de *status* estratificado, não uniforme. A reivindicação não é apenas de um salário mínimo básico com as variações acima desse nível tal como pode ser extraído para cada grau das condições do mercado no momento. As reivindicações de *status* são para uma estrutura salarial hierárquica, cada nível da qual representa um direito social, não simplesmente um valor de mercado. As negociações coletivas têm de envolver, mesmo nas suas formas elementares, a classificação dos trabalhadores em grupos ou graus, nos quais se desconsideram as pequenas diferenças ocupacionais. Tal como na educação em massa, no emprego em massa, as questões de direitos, padrões, oportunidades etc. podem ser inteligivelmente discutidas e manejadas somente em termos de um número limitado de categorias e recortando uma cadeia contínua de diferenças em uma série de classes cujos nomes tocam instantaneamente a campainha adequada na mente do ocupado funcionário. À medida que a área de negociação se expande, a assimilação de grupos segue necessariamente a assimilação de indivíduos, até que a estratificação de toda a população de trabalhadores esteja tão padronizada quanto possível. Só então se podem formular princípios de justiça social. Tem de haver uniformidade no interior de cada grau e diferença entre os graus. Esses princípios dominam a mente dos que discutem reivindicações salariais, embora a racionalização produza outros argumentos, como que os lucros são excessivos e a indústria pode pagar salários mais altos, ou que os salários mais altos são necessários para manter a oferta de trabalho adequado ou para evitar o seu declínio.

O Livro Branco sobre Receitas Pessoais[8] lançou um feixe de luz nesses lugares obscuros da mente, mas o resultado final foi unicamente tornar o processo de racionalização mais intrincado e laborioso. O conflito básico entre direitos sociais e valor de mercado não foi resolvido. Um porta-voz da força de trabalho disse: "É preciso estabelecer uma relação equitativa entre indústria e indústria".[9] Uma relação equitativa é um conceito

---

8 Cmd. 7321, 1948.
9 Como noticiou *The Times*.

social, não econômico. O Conselho Geral do TUC* aprovou os princípios do Livro Branco na medida em que "eles reconhecem a necessidade de salvaguardar os diferenciais que são elementos essenciais na estrutura de salários de muitas indústrias importantes, e são obrigados a manter os padrões de habilidade, treinamento e experiência que contribuem diretamente para a eficiência industrial e a maior produtividade".[10] Aqui o valor de mercado e o incentivo econômico encontram lugar em uma discussão que se preocupa fundamentalmente com o *status*. O próprio Livro Branco adotou uma visão bastante diferente, e possivelmente mais verdadeira, dos diferenciais. "Os últimos cem anos viram o crescimento de certas relações tradicionais ou habituais entre rendas pessoais – inclusive remunerações e salários – em diversas ocupações [...] Estas não têm relevância necessária para as condições modernas". Tradição e costume são princípios sociais, não econômicos, e também são nomes antigos da moderna estrutura de direitos de *status*.

O Livro Branco afirmou francamente que os diferenciais baseados nesses conceitos sociais não podiam satisfazer os atuais requisitos econômicos. Não davam os incentivos necessários para garantir a melhor distribuição da força de trabalho. "Os níveis de renda relativos devem ser tais que encorajem o movimento da mão de obra para as indústrias em que ela é mais necessária, e não devem, como em alguns casos ainda fazem, tentar uma direção contrária." Note-se que ele diz "*ainda fazem*".

---

* Trades Union Congress (TCU) [Congresso dos Sindicatos]. (N. T.)
10 Recomendações do Comitê Especial sobre a Situação Econômica, tal como as aceitou o Conselho Geral na sua reunião especial de 18 de fevereiro de 1948.

Uma vez mais, a concepção moderna de direitos sociais é tratada como uma sobrevivência do passado sombrio. À medida que prosseguimos, a confusão aumenta. "Cada reivindicação de aumento de remunerações ou salários deve ser considerada nos seus méritos nacionais", isto é, em termos de política nacional. Mas essa política não pode ser imposta diretamente pelo exercício dos direitos políticos da cidadania através do governo, porque isso envolveria "uma incursão do governo naquilo que até agora tem sido considerado um território do contrato livre entre indivíduos e organizações", ou seja, uma invasão dos direitos civis do cidadão. Os direitos civis devem, portanto, assumir responsabilidades políticas, e o contrato livre deve atuar como instrumento da política nacional. E ainda há outro paradoxo. O incentivo que opera no sistema de livre contrato do mercado aberto é o incentivo do ganho pessoal. O incentivo correspondente aos direitos sociais é o do dever público. A qual deles se dirige o apelo? A resposta é: a ambos. O cidadão é instado a reagir ao chamado do dever dando certo espaço à motivação do interesse individual. Mas esses paradoxos não são uma invenção de cérebros conturbados; são inerentes ao nosso sistema social contemporâneo. E não precisam nos causar ansiedade indevida, pois um pouco de bom senso muitas vezes pode mover uma montanha de paradoxos no mundo da ação, embora a lógica seja incapaz de superá-la no mundo do pensamento.

5
Conclusões

Tentei mostrar como a cidadania e outras forças fora dela têm alterado o padrão de desigualdade social. Para completar o quadro, agora devo examinar os resultados como um todo sobre a estrutura da classe social. Sem dúvida, eles foram profundos, e pode ser que as desigualdades permitidas e até moldadas pela cidadania já não constituam distinções de classe no sentido em que esse termo é usado com referência a sociedades passadas. Mas, para examinar essa questão, eu teria de preparar outra palestra, e esta provavelmente consistiria em uma mistura de enfadonhas estatísticas de significado incerto com significativos juízos de validade duvidosa. Pois a nossa ignorância dessa matéria é profunda. Portanto, talvez seja uma sorte para a reputação da sociologia que eu me veja obrigado a me limitar a algumas observações provisórias, feitas na tentativa de responder às quatro perguntas que fiz no final da introdução ao meu tema.

Temos de procurar os efeitos combinados de três fatores. Em primeiro lugar, a compressão, nos dois extremos, da escala de distribuição de renda. Em segundo, a grande extensão da área de cultura e experiência comuns. E, em terceiro, o enriquecimento do *status* universal de cidadania, combinado com o reconhecimento e a estabilização de certas diferenças de *status* principalmente através dos sistemas associados de educação e ocupação. As duas primeiras possibilitaram o terceiro. As diferenças de *status* podem receber o selo da legitimidade em termos de cidadania democrática contanto que não separem muito profundamente, mas ocorram no interior de uma população unida em uma civilização única; e desde que não sejam uma expressão de privilégio hereditário. Isso significa que as desigualdades podem ser toleradas em uma sociedade fundamentalmente igualitária contanto que não sejam dinâmicas, quer dizer, que não criem incentivos oriundos da insatisfação e do sentimento de que "esse tipo de vida não é bom para mim" ou "estou decidido a que o meu filho seja poupado do que eu tive de suportar". Mas o tipo de desigualdade defendido no Livro Branco só pode ser justificado se *for* dinâmico e se *der* incentivo à mudança e ao melhoramento. Ele pode provar, portanto, que as desigualdades permitidas e mesmo moldadas pela cidadania não funcionarão, no sentido econômico, como forças que influenciem a distribuição da mão de obra. Ou que a estratificação social persiste, mas a ambição social deixa de ser um fenômeno normal e se torna um padrão de comportamento desviante – para usar um pouco do jargão da sociologia.

Se as coisas se desenvolverem a tal ponto, podemos descobrir que o único impulso remanescente com um efeito distributivo consistente – distributivo, i.e., da força de trabalho através da hierarquia dos níveis econômicos – era a ambição do aluno de se sair bem nas lições, de ser aprovado nos exames e promovido na escada educacional. E, se o objetivo oficial de assegurar a "paridade de estima" entre os três tipos de escola secundária se realizasse, nós poderíamos perder a maior parte até disso. Esse seria o resultado extremo do estabelecimento de condições sociais em que todo homem se contentasse com a posição na vida à qual a cidadania teve o prazer de chamá-lo.

Ao dizer isso, respondi a duas das minhas quatro perguntas, à primeira e à última. Eu perguntei se a hipótese sociológica latente no ensaio de Marshall é válida hoje, a hipótese, especificamente, da existência de uma espécie de igualdade humana básica, associada ao pleno pertencimento à comunidade, que não é incoerente com uma superestrutura de desigualdade econômica. Também indaguei se havia algum limite para o atual impulso rumo à igualdade social inerente aos princípios que governam o movimento. A minha resposta é que o enriquecimento do *status* de cidadania tornou mais difícil a preservação das desigualdades econômicas. Há menos espaço para elas, e há cada vez mais probabilidade de que sejam desafiadas. Mas, por certo, estamos procedendo atualmente na suposição de que a hipótese seja válida. E essa suposição dá resposta à segunda pergunta. Não visamos à igualdade absoluta. Há limites inerentes ao movimento igualitário. Mas o movimento é duplo. Opera parcialmente através da cidadania e parcialmente através do sistema econômico. Nos dois casos, a meta é eliminar as desigualdades que não podem ser consideradas legítimas, mas o padrão de legitimidade é diferente. Na primeira é o padrão de justiça social, no segundo, é a justiça social combinada com a necessidade econômica. Portanto, é possível que as desigualdades permitidas pelas duas metades do movimento não coincidam. Podem sobreviver as distinções de classe que não têm função econômica adequada, e as diferenças econômicas que não correspondem às distinções de classe aceitas.

A minha terceira questão se referia ao equilíbrio cambiante entre direitos e deveres. Os direitos se multiplicaram e são precisos. Todo indivíduo sabe exatamente o que lhe é de direito reivindicar. O dever cujo cumprimento é mais óbvia e imediatamente necessário para o usufruto do direito é o de pagar impostos e contribuições de seguro. Como estes são compulsórios, não há nenhum ato de vontade envolvido e nenhum forte sentimento de lealdade. A educação e o serviço militar também são compulsórios. Os outros deveres são vagos e estão incluídos na obrigação geral de viver a vida de um bom cidadão, prestando tal serviço como cada um pode para promover o bem-estar da comunidade. Mas a comunidade é tão grande que a obrigação parece remota e irreal. Importantíssimo é o dever de trabalhar, mas o efeito do trabalho de um homem no bem-estar de toda a sociedade é tão infinitamente pequeno que, para ele, é difícil acreditar que possa causar muito dano se o suspender ou restringir.

Quando as relações sociais eram dominadas pelo contrato, não se reconhecia o dever de trabalhar. Trabalhar ou não era assunto de cada um. Se optasse por viver ociosamente na pobreza, o indivíduo tinha toda a liberdade de fazê-lo, contanto que não se tornasse um incômodo. Se pudesse viver ociosa e confortavelmente, ele não seria considerado um parasita, e sim um aristocrata – objeto de inveja e admiração. Quando a economia deste país estava em processo de transformação em um sistema desse tipo, sentia-se muita ansiedade com a disponibilidade ou não de mão de obra. As forças motrizes dos costumes e regulamentos de grupo tiveram de ser substituídas pelo incentivo do ganho pessoal, e se manifestaram sérias dúvidas sobre a confiabilidade desse incentivo. Isso explica as opiniões de Colquhoun sobre a pobreza, e a observação enérgica de Mandeville, segundo a qual os trabalhadores "nada têm que os incite a ser úteis, salvo as suas necessidades, que convém aliviar, mas é loucura curar".[1] E, no século XVIII, as suas necessidades eram muito simples. Eles eram governados pelos hábitos de vida de classe estabelecidos e não existia uma escala contínua de padrões crescentes de consumo que convencessem os trabalhadores a ganhar mais para gastar mais em coisas desejáveis até então além do seu alcance – como aparelhos de rádio, bicicletas ou férias à beira-mar. O comentário seguinte de um escritor em 1728, que é somente um exemplo entre muitos no mesmo sentido, pode perfeitamente ter se baseado em observações atentas. "As pessoas de vida pobre", disse ele, "que só trabalham pelo pão de cada dia, se conseguirem obtê-lo com três dias de trabalho por semana, muitas delas tirarão férias nos outros três, ou fixarão um preço próprio pelo seu trabalho."[2] E, se elas adotassem a segunda opção, geralmente se presumia que gastariam o dinheiro extra em bebida, o único luxo facilmente disponível. A elevação geral do padrão de vida fez esse fenômeno, ou algo parecido, reaparecer na sociedade contemporânea, posto que agora o cigarro tem um papel mais importante que o da bebida.

Não é fácil reviver o sentido da obrigação pessoal de trabalhar em uma forma nova que esteja atrelada ao *status* da ci-

---

1 Mandeville, *The Fable of the Bees*, p.213.
2 Furniss, *The Position of the Laborer in a System of Nationalism*, p.125.

dadania. Isso não se torna mais fácil pelo fato de que o dever essencial não é ter e manter um emprego, já que isso é relativamente simples em situações de pleno emprego, mas empenhar-se muito no trabalho e labutar com afinco. Porque o padrão pelo qual se mede o trabalho árduo é imensamente elástico. Pode-se apelar com sucesso para os deveres da cidadania em tempos de emergência, mas o espírito de Dunquerque não há de ser um atributo permanente de uma civilização. No entanto, as lideranças sindicais estão tentando inculcar um senso desse dever geral. Em uma conferência em 18 de novembro do ano passado, o sr. Tanner se referiu à "obrigação imperativa nos dois lados da indústria de contribuir plenamente para a reabilitação da economia nacional e a recuperação mundial".[3] Mas a comunidade nacional é desmedidamente grande e remota para impor esse tipo de lealdade e dele fazer uma força propulsora. É por isso que muita gente acha que a solução do nosso problema está no desenvolvimento de lealdades mais limitadas, à comunidade local e, especialmente, ao grupo de trabalho. Nessa última forma, a cidadania industrial, devolvendo as suas obrigações às unidades básicas de produção, pode fornecer parte do vigor que parece faltar à cidadania em geral.

Chego enfim à segunda das minhas quatro indagações originais, a qual, todavia, não foi tanto uma indagação quanto uma afirmação. Assinalei que Marshall estipulou que as medidas destinadas a elevar o nível geral de civilização dos trabalhadores não devem interferir na liberdade do mercado. Se o fizerem, podem se tornar indistinguíveis do socialismo. E eu disse

---

3 *The Times*, 19 nov. 1948.

que, obviamente, essa limitação na política foi abandonada. As medidas socialistas no sentido de Marshall foram aceitas por todos os partidos políticos. Isso me levou ao clichê de que o conflito entre as medidas igualitárias e o livre mercado tem de ser examinado no curso de qualquer tentativa de transferir a hipótese sociológica de Marshall para a era moderna.

Toquei em vários pontos deste vasto tema e, neste resumo final, vou me restringir a um aspecto do problema. A civilização unificada, que torna as desigualdades sociais aceitáveis e ameaça torná-las economicamente sem função, é obra de um divórcio progressivo entre a renda real e a monetária. Claro está, isso é explícito nos principais serviços sociais, como saúde e educação, que oferecem benefícios em espécie sem nenhum pagamento *ad hoc*. Na bolsas de estudo e na assistência judiciária, os preços dimensionados para rendas monetárias mantêm a renda real relativamente constante, na medida em que é afetada por essas necessidades particulares. As restrições de aluguel combinadas com a segurança da posse chegam a um resultado parecido por meios diferentes. Assim como, em graus variados, o racionamento, os subsídios alimentares, os bens de utilidade pública e o controle de preços. As vantagens obtidas por ter uma renda monetária maior não desaparecem, mas ficam confinadas em uma área limitada de consumo.

Falei há pouco na hierarquia convencional da estrutura salarial. Aqui a importância está ligada às diferenças de renda monetária, e se espera que os rendimentos mais elevados gerem vantagens reais e substanciais – é claro, eles o farão apesar da tendência à equalização das rendas reais. Mas a importância dos diferenciais salariais é, tenho certeza, parcialmente simbólica. Eles operam como rótulos vinculados ao *status* industrial, não como instrumentos de genuína estratificação econômica. E também vemos sinais de que a aceitação desse sistema de desigualdade econômica pelos próprios trabalhadores – especialmente pelos da parte inferior da escala – às vezes é neutralizada por reivindicações de mais igualdade em relação àquelas formas de diversão real que não são pagas com salários. Os trabalhadores braçais podem aceitar como certo e adequado o fato de ganharem menos do que certas categorias de escriturários, mas, ao mesmo tempo, os diaristas podem pressionar para ter as mesmas comodidades gerais desfrutadas pelos empregados assalariados, porque elas refletiriam a igualdade fundamental de todos os cidadãos e não as desigualdades de remuneração ou de categorias ocupacionais. Se o gerente pode tirar um dia livre para uma partida de futebol, por que não o operário? Diversão comum é um direito comum.

Estudos recentes de opinião de adultos e crianças constataram que, quando a questão é colocada em termos gerais, há um declínio no interesse em ganhar muito dinheiro. Isso não se deve, creio eu, apenas ao pesado fardo da tributação progressiva, mas a uma crença implícita em que a sociedade deve garantir, e garantirá, todos os elementos essenciais de uma vida decente e segura em todos os níveis, independentemente da quantidade de dinheiro recebida. Em uma população de alunos da escola secundária examinada pelo Bristol Institute of Education, 86% queriam um emprego interessante com um salário razoável e só 9% preferiam um emprego em que ganhassem muito dinheiro. E o quociente intelectual médio do segundo grupo era dezesseis pontos inferior ao do primeiro.[4] Em uma pesquisa feita

---

4 *Research Bulletin*, n.11, p.23.

pelo British Institute of Public Opinion, 23% queriam salários tão elevados quanto possível, e 73% prefeririam segurança com salários mais baixos.[5] Mas, em qualquer momento, respondendo a uma pergunta particular sobre as suas circunstâncias atuais, a maioria das pessoas, pode-se imaginar, confessaria o desejo de ganhar mais dinheiro do que de fato ganha. Outra pesquisa, feita em novembro de 1947, sugere que até mesmo essa expectativa é exagerada. Pois 51% dos entrevistados disseram que a sua remuneração estava no nível adequado ou acima dele para satisfazer as necessidades da sua família, e apenas 45% disseram que era inadequada. A atitude tende a variar nos diferentes níveis sociais. Pode-se esperar que as classes que mais ganharam com os serviços sociais, e nas quais a renda real em geral tem subido, estejam menos preocupadas com as diferenças de renda monetária. Mas não devemos nos surpreender se encontrarmos outras reações na parte das classes médias em que o padrão de renda monetária é, no momento, mais marcadamente incoerente, ao passo que os elementos de vida civilizada tradicionalmente mais valorizados estão se tornando inalcançáveis com as rendas monetárias disponíveis – ou com quaisquer outros meios.

A questão geral é aquela a que o professor Robbins se referiu na palestra que ministrou aqui há dois anos. "Estamos empreendendo uma política", disse, "que é incoerente e frustrante. Estamos relaxando a tributação e procurando, sempre que possível, introduzir sistemas de pagamento que flutuam com a produção. E, ao mesmo tempo, a nossa fixação de preços e o consequente sistema de racionamento se inspiram em

---

5 Janeiro de 1946.

princípios igualitários. O resultado é que recebemos o pior de ambos os mundos."[6] E mais: "A crença em que, em tempos normais, é particularmente sensato tentar misturar os princípios e administrar um sistema igualitário de renda real ao lado de uma renda monetária não igualitária parece-me um tanto simplista".[7] Sim, para o economista talvez, se ele tentar julgar a situação de acordo com a lógica de uma economia de mercado. Mas não necessariamente para o sociólogo, que sabe que o comportamento social não é governado pela lógica e que uma sociedade humana é capaz de fazer uma refeição substancial a partir de um ensopado de paradoxos sem ficar com indigestão – pelo menos durante um bom tempo. Na verdade, a política não pode de modo algum ser simplista, e sim sutil; uma aplicação inovadora da antiga máxima *divide et impera* – jogue um contra o outro para manter a paz. Porém, falando sério, a palavra "simplista" sugere que a antinomia é apenas o resultado do pensamento confuso dos nossos governantes e que, assim que eles virem a luz, nada os impedirá de alterar a sua linha de ação. Eu acredito, pelo contrário, que esse conflito de princípios brota das próprias raízes da nossa ordem social na fase atual do desenvolvimento da cidadania democrática. As incoerências aparentes são, na verdade, uma fonte de estabilidade alcançada mediante um compromisso que não é ditado pela lógica. Esta fase não prosseguirá indefinidamente. É possível que alguns conflitos no nosso sistema social estejam se tornando muito fortes para que o compromisso alcance o seu propósito durante muito mais tempo. Mas, se quisermos aju-

---

6 Robbins, *The Economic Problem in Peace and War*, p.9.
7 Ibid., p.16.

dar na sua resolução, temos de tentar entender a sua natureza mais densa e perceber os efeitos profundos e perturbadores que seriam produzidos por qualquer tentativa precipitada de reverter as tendências atuais e as recentes. O meu intuito nestas palestras foi deitar um pouco de luz em um elemento que me parece de fundamental importância, a saber, o impacto de um conceito de direitos de cidadania em rápido desenvolvimento sobre a estrutura da desigualdade social.

Parte II
Cidadania e classe social, quarenta anos depois

Tom Bottomore

1
Cidadãos, classes e igualdade

As palestras de T. H. Marshall, ministradas em Cambridge em 1949 e publicadas em versão expandida no ano seguinte,[1] fizeram uma contribuição muito original para as concepções e teorias sociológicas da classe social e, ao mesmo tempo, para os debates acerca do emergente Estado de bem-estar social do pós-guerra. Em ambas as esferas, o conceito de cidadania teve um lugar central na sua argumentação. Começando pelo ensaio de Alfred Marshall (1873) sobre "o futuro das classes trabalhadoras"[2] – segundo o qual se atingiria certo grau de igualdade quando, em consequência da redução do trabalho pesado e excessivo, juntamente com uma grande melhora no acesso à educação e aos direitos de cidadania, todos os homens se tornariam "cavalheiros" –, ele propôs substituir a palavra "cavalheiros" pela palavra "civilizados" e interpretar a reivindicação

---

1 Marshall, T. H., *Citizen and Social Class: and other Essays*. Reimpressa nesta edição.
2 Marshall, A., *The Future of the Working Classes*.

de uma vida civilizada como uma reivindicação de compartilhar o patrimônio social, de ser plenamente aceito como cidadão.

O argumento se aprofundou então, inicialmente mediante um exame da relação entre cidadania e classe social, no qual o movimento rumo à maior igualdade social foi encarado como a última fase da evolução da cidadania ao longo de vários séculos, desde a conquista dos direitos civis até a aquisição dos direitos políticos e, enfim, dos direitos sociais. Esse processo foi elegantemente conceituado naquela a que o próprio Marshall se referiu como uma narrativa dos fatos, mas houve relativamente pouca discussão a respeito das suas causas, coisa que deu origem a críticas ulteriores, segundo as quais tinha sido um tanto cavilosamente representada como uma progressão quase automática e harmoniosa rumo a coisas melhores que seria, de algum modo, imanente ao desenvolvimento do próprio capitalismo. Implicitamente, porém, e até certo ponto explicitamente, Marshall reconheceu que havia elementos de conflito envolvidos, observando que era sensato esperar que "o impacto da cidadania na classe social tomasse a forma de um conflito entre princípios opostos". No entanto, ele não afirmou que esse conflito era entre classes em torno à natureza e o conteúdo da cidadania, e inclusive observou que "a classe social ocupa um lugar secundário no meu tema". O impacto da cidadania nas classes sociais, não o impacto das classes sociais na extensão da cidadania, era claramente o seu principal interesse. No entanto, como o desenvolvimento da cidadania na Grã-Bretanha, a partir da última parte do século XVII, "coincide com a ascensão do capitalismo", é obviamente importante considerar quais grupos sociais estavam ativamente engajados no esforço para ampliar os direitos dos cidadãos e, de modo geral, para conseguir mais igualdade, e quais a ele resistiam. Desse ponto de vista, o crescimento dos direitos civis, tendo começado na verdade antes do século XVII nas cidades medievais, pode ser visto como uma realização da nova burguesia em conflito com os grupos feudais dominantes do *ancien régime*. Do mesmo modo, a extensão dos direitos políticos nos séculos XIX e XX, e dos sociais no XX, foi levada a cabo em grande parte pela classe operária em rápido crescimento, auxiliada por reformistas da classe média e, no caso dos direitos sociais, facilitada pelas consequências de duas guerras mundiais. O próprio Marshall se refere obliquamente a isso quando observa que, "no século XX, a cidadania e o sistema de classe capitalista estão em guerra", embora tenha pensado "talvez a frase seja muito forte"[3] e não tenha dado prosseguimento a esse aspecto da sua análise.

No devido tempo, ao considerar as mudanças ocorridas nos últimos quarenta anos, precisaremos reexaminar a concepção de classe e da relação entre a extensão dos direitos sociais de Marshall, com o seu potencial de criar uma sociedade mais igual, e o sistema econômico e de classe do capitalismo. Antes disso, porém, examinemos o segundo principal tema das suas palestras, que é a materialização do princípio de direitos sociais nas políticas do Estado de bem-estar social. Ele começou por mencionar "algumas das dificuldades que surgem quando se tenta combinar os princípios de igualdade social com o sistema de preços" e, depois, observou que a extensão dos serviços sociais "não é fundamentalmente um meio de igualar as rendas",

---

3 Marshall, T. H., p.40 desta edição.

coisa que pode ser abordada de outras maneiras";[4] mas o que importava era que houvesse "um enriquecimento geral da substância concreta da vida civilizada, uma redução geral do risco e da insegurança, uma equalização entre os mais e os menos afortunados em todos os níveis".[5] Isso se aproxima muito da visão expressa por R. H. Tawney na sua discussão sobre a igualdade:

> Há certas deficiências brutais e esmagadoras — condições de vida perniciosas para a saúde, a educação inferior, a insegurança econômica [...] que deixam as classes a elas sujeitas em permanente desvantagem [...] Há certos serviços graças aos quais essas deficiências cruciais vêm sendo muito mitigadas e, com tempo e vontade, podem ser totalmente eliminadas [...] A contribuição para a igualdade feita por tais agências dinâmicas está obviamente fora de qualquer proporção maior do que a que resultaria de um presente anual a cada um dos quarenta milhões de indivíduos interessados em uma soma equivalente à sua cota do custo total.[6]

A seguir, Marshall esmiuçou as consequências nesse sentido das políticas do pós-guerra na Grã-Bretanha, que criaram um sistema nacional de educação e o Serviço Nacional de Saúde, além de lançar um programa em grande escala de construção de casas, que incluía o planejamento de novas cidades. Mas também assinalou que as oportunidades educacionais mais amplamente disponíveis tendiam a criar uma nova estrutura de *status* desigual ligada a aptidões desiguais e que, "através da educação

---

4 Ibid., cf. p.61 desta edição.
5 Ibid., p.33 desta edição.
6 Tawney, *Equality*, p.248.

na sua relação com a estrutura ocupacional, a cidadania opera como um instrumento de estratificação social".[7] Sem embargo, concluiu que "as diferenças de *status* podem receber o selo da legitimidade em termos de cidadania democrática contanto que não separem muito profundamente, mas ocorram no interior de uma população unida em uma civilização única; e desde que não sejam uma expressão de privilégio hereditário".[8] Não obstante, quarenta anos depois, continuamos muito longe dessa situação – sobretudo na Grã-Bretanha, que, na visão de muitos observadores, se parece cada vez mais com a sociedade de "duas nações" descrita por Disraeli – e da aceitação generalizada de "medidas socialistas" em um "divórcio progressivo entre a renda real e a monetária".[9] Adiante, vou examinar mais pormenorizadamente o desenvovimento das estruturas de classe e o Estado de bem-estar social no pós-guerra, bem como os novos problemas de concepções de cidadania, fazendo uso de parte dos escritos tardios do próprio Marshall sobre esses temas, mas primeiro é necessário considerar algumas características mais gerais da estrutura econômica e social na qual as mudanças se consumaram ou foram interrompidas.

---

7 Marshall, T. H., p.39 desta edição.
8 Ibid., p.44 desta edição.
9 Ibid., p.47 desta edição.

2
Capitalismo, socialismo e cidadania

Na Grã-Bretanha de 1949, era possível ter uma visão bastante otimista da extensão gradual dos direitos dos cidadãos em uma sociedade democrática que estava se tornando mais socialista, na sua estrutura, mediante a nacionalização de alguns importantes setores da economia e a criação do Serviço Nacional de Saúde e de um sistema de educação nacional, este considerado por muitos socialistas como o primeiro passo rumo ao estabelecimento de um sistema universal pela eliminação gradual da privilegiada educação privada (cf., por exemplo, Note of Reservation da sra. M. C. Jay ao Relatório da Comissão Real de População, junho de 1949). Todas essas políticas, juntamente com a prioridade dada à criação e à manutenção do pleno emprego, além de propostas (que, entretanto, nunca foram efetivamente implementadas) de um planejamento econômico nacional, destinavam-se a alcançar a igualdade em grande extensão pela introdução de direitos sociais em novas áreas, de saúde, educação, emprego e controle dos recursos produtivos. Esse movimento, como sugeriu Marshall, passou a ser cada vez mais identificado com o socialismo[1] (indo muito além da concepção de Alfred Marshall de "o melhoramento das classes trabalhadoras") e sua principal tendência foi mais fortemente caracterizada por Schumpeter como uma "marcha para o socialismo".[2]

O impulso em direção à igualdade, analisado por Schumpeter de modo a ter certas afinidades com a teoria marxista, também se podia interpretar, como fez Sidney Webb em data anterior (1889),[3] como o resultado "do irresistível progresso da democracia"; e essa opinião foi reafirmada em alguns escritos mais recentes (por exemplo, Turner),[4] que veem a conquista de direitos sociais como consequência da obtenção de direitos políticos pela classe operária e outros grupos subalternos. Em todo caso, em 1949, na Grã-Bretanha e em alguns outros países europeus, o movimento igualitário, principalmente socialista, do próprio capitalismo, e, sem dúvida alguma, esse "espírito dos tempos" influenciou o modo como Marshall apresentou a sua análise.

Bem nesse momento, porém, a situação mundial e a da Grã-Bretanha estavam começando a mudar radicalmente. No contexto da guerra fria emergente, o Plano Marshall americano para a recuperação da Europa, implementado a partir de 1948, teve um papel importantíssimo na revitalização das economias

---

1 Marshall, p.47 desta edição.
2 Schumpeter, "The March into Socialism", discurso para a American Economic Association, incorporado nas edições posteriores de *Capitalism, Socialism and Democracy*.
3 Webb, "Historic", em Shaw (Org.), *Fabian Essays in Socialism*.
4 Turner, *Citizenship and Capitalism*.

capitalistas da Europa ocidental, especialmente da Alemanha Ocidental – ainda que também haja introduzido certo grau de planejamento econômico nacional por meio da criação da Organização para a Cooperação Econômica Europeia (OCEE, subsequentemente OCDE) para administrar os fundos disponibilizados[5] – e na limitação das possibilidades de qualquer outro desenvolvimento socialista. O governo trabalhista na Grã-Bretanha, no início da década de 1950, enfrentou dificuldades crescentes, devido em parte à sua relação de dependência com os Estados Unidos e exacerbada pela Guerra da Coreia, que resultou em um forte aumento do preço das matérias-primas importadas; e, diante dessas dificuldades, ele deu a impressão de ter sofrido uma perda do vigor e da imaginação na formulação e apresentação de políticas para qualquer outro avanço rumo à igualdade social, embora a sua última conquista memorável, o Festival da Grã-Bretanha de 1951, indicasse como, em circunstâncias mais favoráveis, poderiam ter ocorrido um genuíno renascimento e uma renovação social.

No cenário mundial, as perspectivas do socialismo se debilitaram ainda mais em virtude da imposição de regimes estalinistas na Europa oriental, da qual só a Iugoslávia conseguiu escapar. Esses regimes totalitários, que continuaram sendo ditatoriais mesmo depois da morte de Stålin – ainda que, em muitos casos, tenham se tornado um pouco menos opressivos –, distorceram a imagem do socialismo durante quatro

---

5 Sobre esses diferentes aspectos, cf. Tinbergen, "Planning Economic (Western Europe)", em *International Encyclopaedia of the Social Sciences*, v.12; Van der Pijl, "The International Level", em Bottomore; Brym (Orgs.), *The Capitalism Class, an International Study*.

décadas, muito embora fossem constantemente criticados e combatidos por quase todos os socialistas ocidentais. A relativa fragilidade do movimento do socialismo democrático como consequência desses dois fatores – o reavivamento do capitalismo em uma forma mais planejada ou pelo menos "administrada", que resultou em taxas excepcionalmente elevadas de crescimento econômico a partir da década de 1950 até o meado da de 1970, e exemplo dissuasivo do pretenso "socialismo real" da Europa oriental – dificultou muito mais qualquer extensão dos direitos sociais, conquanto tenha havido algumas fases de atividade renovada, como a grande expansão do ensino superior, e, em certas circunstância, como na Suécia e na Áustria, onde governos socialistas ficaram no poder durante períodos razoavelmente longos,[6] houve um desenvolvimento mais contínuo de políticas de bem-estar social. Em grande medida, porém, a preocupação com o bem-estar social depois que se efetuaram as mudanças do imediato pós-guerra e se criaram Estados de bem-estar, em formas mais rudimentares ou mais elaboradas, foi deslocada por um predominante interesse pelo crescimento econômico, resultante em parte da experiência do crescimento alcançado no período da reconstrução, e em parte daquilo que Postan chamou de "ideologia do crescimento",[7] que ele acreditava que tinha evoluído a partir dos debates anteriores acerca do pleno emprego. Agora, o crescimento contínuo e rápido, alcançado pela inovação tecnológica, a produtividade crescente e o pleno emprego, passou a ser visto como o prin-

---

6 Na Suécia, quase continuamente durante todo o período do pós-guerra; na Áustria, a maior parte do tempo a partir de 1970.

7 Postan, *Economic History of Western Europe, 1945-1964*.

cipal fundamento do bem-estar social, assegurando a grande parte da população a melhora contínua das condições de vida e fornecendo, através da despesa do governo financiada pela tributação e por empréstimos, os serviços e benefícios que os indivíduos não podiam efetivamente obter por si sós ou que eram necessários a grupos desfavorecidos específicos na população. Tais mudanças, como a expansão do ensino superior, estavam elas mesmas intimamente ligadas a esse foco no crescimento econômico.

No período 1950-1973, que Maddison descreveu como uma "idade de ouro"[8] de taxas de crescimento excepcionalmente altas, a economia das sociedades industriais avançadas da Europa ocidental (e de forma diferente do Japão) tendeu para um sistema de capitalismo "administrado", ao qual posteriormente se aplicou o termo "corporativismo",[9] caracterizado por uma economia mista com um limitado (e variado) grau de propriedade pública de empresas produtivas e de serviço e, em alguns casos, de instituições financeiras, muito aumentadas despesas governamentais como proporção do produto interno bruto, e muito maior envolvimento do Estado na regulação e, em certa medida, no planejamento da economia. Nesse sistema, argumentava-se que a política econômica e social era o produto de acordos negociados entre o Estado, as grandes corporações capitalistas e os sindicatos, e se alcançava algum tipo de

---

8 Maddison, *Phases of Capitalist Development*, cap.6.
9 Cf. Panitch, "The Development of Corporatism in Liberal Democracies", *Comparative Political Studies*, v.10, n.1, 1977; Offe, "The Separation of Form and Content in Liberal Democratic Politics", *Studies in Political Economy*, v.3, 1980.

"compromisso de classe" a fim de manter a estabilidade.[10] O próprio Marshall se referiu a "uma estrutura social que inclui o governo representativo, uma economia mista e um Estado de bem-estar social",[11] e, numa reflexão posterior,[12] analisou mais detidamente a por ele chamada "sociedade hifenizada" (*e.g.*, capitalismo-de-bem-estar) em vez de corporativismo, e passou a considerar a sua relação com o socialismo democrático, particularmente porque este havia sido explicado por um socialista inglês, E. F. M. Durbin.

Para Durbin, argumentou Marshall, "a essência da questão [...] era a relação entre o socialismo e a democracia".[13] Um programa socialista deve se "interessar pela transferência do controle econômico e pela redistribuição da renda real",[14] que era o único caminho da justiça social. "Mas a opinião pública era propensa a equiparar justiça social a bem-estar, que era apenas uma parte dela, e, provavelmente, pressionaria muito por aquelas medidas puramente 'melhorativas' que só afetam as consequências da desigualdade, não os seus fundamentos. A estratégia socialista, portanto, deve ter o cuidado de dar prioridade relativamente baixa aos serviços sociais em comparação com a dada às categorias de ação política mais genuinamente socialistas – a socialização da economia, a promoção da prosperidade e a redistribuição da riqueza".[15]

---

10 Offe, op. cit.
11 Marshall, T. H., "Value Problems of Welfare-Capitalism", *Journal of Social Policy*, v.1, n.1, p.15-32, 1972.
12 Id., *The Right to Welfare and other Essays*.
13 Ibid., p.127.
14 Durbin, *The Politics of Democratic Socialism*, p.290.
15 Marshall, T. H., *The Right to Welfare and other Essays*, p.127-8.

Isso, como observou Marshall, "vai ao cerne da questão", e prosseguiu:

> Depois da guerra, a ampla difusão do termo "Estado de bem-estar" foi um desejo, na época, de encontrar no conceito de "bem-estar" um princípio axial único e unificador para a nova ordem social. Não é difícil ver por que ele fracassou [...] nessa forma holística, era demasiado vago e nebuloso fornecer um modelo para um sistema social. Expressava um espírito em vez de uma estrutura [...] [e] passou rapidamente a ser associado, ou até identificado, com aquela esfera particular e limitada dos negócios públicos que chamamos de política social.[16]

A distinção aqui feita por Marshall também foi claramente formulada por uma socióloga húngara[17] no contraste que traçou entre "política social" e "política societal" ao analisar as mudanças na sociedade húngara, e vou considerá-lo mais a fundo em relação com o desenvolvimento da cidadania nas sociedades socialistas. Na passagem que citei, Marshall prosseguiu observando que, no sistema de capitalismo de bem-estar e de economia mista, "o bezerro de ouro do socialismo democrático tinha se transformado em uma *troika* de vacas sagradas", e, no início da década de 1970, o Estado de bem-estar social sobrevivia em "um estado precário e um tanto estropiado". Duas décadas depois, está evidentemente mais estropiado e precário

---

16 Ibid., p.128-9.
17 Ferge, *A Society in the Making: Hungarian Social and Societal Policy, 1945-1975*.

ainda, sobretudo na Grã-Bretanha, e numerosos estudos vêm se dedicando a analisar a "crise do Estado de bem-estar social".

Na parte final do seu ensaio,[18] Marshall examinou alguns dos motivos do que lhe parecia ser o declínio da atração da ideia de bem-estar – a sua "perda de *status*" –, que ele atribuía de modo geral à perda de identidade, enfatizando particularmente o conflito entre o mercado e o bem-estar social como meios de satisfazer as necessidades da população e, especialmente, no lidar com a pobreza. Resumindo a sua própria opinião, disse que as liberdades democráticas dependem consideravelmente da liberdade econômica, e que os mercados competitivos fazem uma grande contribuição para a eficiência e o progresso econômico, mas, por outro lado, que "a economia capitalista de mercado pode ser, e geralmente é, causa de muita injustiça social"; e concluiu que "os elementos antissociais no sistema capitalista de mercado que ainda persistem na economia mista têm de ser atacados pela ação dentro da própria economia".

Isso reafirma a diferença entre as políticas socialistas e as de bem-estar social, e o dilema que, como indicou Durbin, se coloca para os partidos socialistas democráticos, ao mesmo tempo que transmite uma noção do rumo que grande parte do pensamento socialista tomou no período do pós-guerra. Pois é possível dizer que os partidos socialistas europeus (e, mais recentemente, alguns partidos comunistas) se transformaram em grande medida em partidos "do bem-estar", cujas políticas se interessam principalmente pela promoção dos direitos sociais no sentido estreito de fornecer serviços de bem-estar em

---

18 Marshall, T. H., *The Right to Welfare and other Essays*, p.131-5.

áreas específicas, em vez de uma reconstrução radical do sistema econômico e social — e grande parte do eleitorado os considera identificados com tais políticas. Mas essa reorientação do pensamento e da política propõe muitos problemas novos.

Primeiramente, as diferenças entre os partidos em relação às suas políticas gerais são atenuadas e toldadas, e a questão principal passa a ser se haverá mais ou menos gastos públicos com o bem-estar social. Mas então essa questão é debatida em um contexto que torna a extensão dos direitos sociais cada vez mais difícil, porque se faz uma nítida distinção entre a produção de riqueza, que é concebida como uma função da economia de mercado capitalista, e a distribuição de uma parte da riqueza produzida na forma de serviços de assistência social. Por isso, a questão pode ser, e geralmente é, apresentada na forma de quanto bem-estar social uma sociedade pode "bancar" em relação ao seu estoque e fluxo de riqueza "real" fornecidos principalmente pela indústria privada. Mas não foi absolutamente assim que a questão se formulou ou devia ter se formulado no pensamento socialista, no qual o conceito fundamental é o do processo de trabalho social — ou seja, a atividade produtiva em todas as esferas, inclusive na prestação de serviços de bem-estar social, e que envolve, nas economias avançadas, um insumo maciço de ciência e tecnologia — e as questões que se colocam dizem respeito à organização desse processo e ao modo como a sua produção será distribuída entre os diversos grupos da população. Em suma, não se trata de uma questão de deduzir de um produto nacional bruto estreitamente definido a quantia necessária para o bem-estar social, e sim de dividir equitativamente um produto nacional bruto, do qual o bem-

-estar social é um importante componente e, na verdade, em um sentido amplo, é o único propósito de todo o processo de trabalho. Era claramente assim que Durbin, como a maioria dos pensadores socialistas, e especialmente os marxistas, concebia a relação entre socialismo e bem-estar social, e retomarei a matéria mais adiante. Por ora, pode-se aclarar a relação com um exame atento da experiência das sociedades socialistas da Europa oriental, especialmente como a interpretou Ferge na sua distinção entre "política societal" e "política social". Ela definiu esses termos da seguinte maneira:

> O conceito de política societal [...] é usado em um sentido especial. Ele abrange a esfera da *política social* (a organização dos serviços sociais ou a redistribuição das rendas), mas também inclui a intervenção social sistemática em todos os pontos do ciclo da reprodução da vida social, com o fito de alterar a estrutra da sociedade.[19]

Nos capítulos seguintes, Ferge rastreia esse processo de reprodução social, descrevendo primeiramente "a política societal ocupada com a transformação das relações sociais básicas inseridas na organização social do trabalho", a seguir, analisando "as relações criadas ou modificadas pela distribuição e a redistribuição" e, por fim, considerando "alguns aspectos da política social relativamente ao consumo e aos modos de vida em geral". Isso propicia um relato admiravelmente claro do âmbito da política social em uma perspectiva socialista, nos

---

19 Ferge, op. cit., p.13.

termos da qual o desenvolvimento da cidadania nessas sociedades pode ser analisado mais de perto.

No período do pós-guerra, na União Soviética e em outros países do Leste europeu, é evidente que a política social direcionada à provisão de habitação, transporte público, instalações de lazer e sistema de saúde de baixo custo tinha alta prioridade e era complementada por uma política societal que reestruturou a economia de maneiras que visavam levar a cabo a industrialização e o crescimento econômico rápidos (como fizeram nas décadas de 1950 e particularmente na de 1960), juntamente com a segurança do emprego e, em alguns casos, a participação mais ativa dos trabalhadores na gestão da produção. Portanto, os cidadãos desses países adquiriram uma considerável variedade de direitos sociais, o valor dos quais talvez seja mais claramente reconhecido a partir das mudanças ocorridas no fim de 1989, mas esses ganhos foram condicionados por uma série de fatores adversos. Primeiro, o nível a que os serviços de bem-estar social podiam ser providos dependia crucialmente do crescimento econômico, e, a partir do início da década de 1970, as economias socialistas enfrentaram dificuldades crescentes, exacerbadas pelos problemas da economia mundial e, em certa medida, por uma taxa excessivamente elevada de investimento na indústria, financiado em parte por empréstimos estrangeiros e muitas vezes direcionado para o tipo errado de indústria.[20] Segundo, em todas essas sociedades, surgiu um grupo privilegiado – uma "nova classe" ou "elite", que incluía os níveis superiores da burocaracia do partido e do

---

20 Bottomore, *The Socialist Economy: Theory and Practice*.

Estado –, a qual controlava efetivamente o processo de trabalho social e determinava a distribuição do produto em proveito próprio e em detrimento dos trabalhadores e consumidores.

Não obstante, o fator muito mais importante, que a longo prazo levou à derrocada desses regimes, foi o fato de a expansão real dos direitos sociais (ainda que desigualmente distribuídos entre os diferentes grupos da população) vir acompanhada de grave restrição aos direitos civis e políticos, no seu estado mais selvagem durante a ditadura de Stálin, mas persistindo, em formas um pouco menos opressivas (e notadamente menos opressivas na Iugoslávia do início da década de 1950), no sistema burocrático de partido único que se seguiu. A cidadania nessas sociedades socialistas (mas de modo algum socialistas democráticas) tinha, pois, um caráter muito diferente do examinado por Marshall em relação à Grã-Bretanha e, implicitamente, às outras sociedades da Europa ocidental. Em vez de uma progressão a partir dos direitos civis e políticos para depois chegar ao crescimento dos direitos sociais, como Marshall o concebia, essas sociedades socialistas de Estado totalitário estabeleceram alguns importantes direitos sociais ao mesmo tempo que extinguiam virtualmente relevantes direitos civis e políticos; posto que convenha observar que um fator que facilitou esse processo foi muitos dos países envolvidos carecerem de tradição de direitos civis e políticos seguramente instituídos e terem pouca experiência de democracia antes da sua transformação "socialista".

As mudanças em curso na União Soviética e na Iugoslávia, assim como o colapso dos outros regimes do Leste europeu, criaram uma situação inteiramente nova. Os direitos civis e políticos foram ou estão sendo rapidamente restaurados, conquanto a crontrovérsia prossiga em torno do conteúdo e dos limites de alguns direitos civis, e especialmente o direito de ter propriedade ali onde isso envolve a propriedade de grandes empresas produtivas. Outros direitos civis arrolados por Marshall, como a liberdade da pessoa, a liberdade de expressão, pensamento e fé, bem como o direito à justiça, embora complexos nos pormenores, são incontestáveis em princípio como essenciais à liberdade individual, e o seu reestabelecimento avança celeremente. O mesmo se dá com a restauração dos direitos políticos — liberdade de organizar e participar de movimentos sociais, associações e partidos de diversos tipos, sem autorização ou interferência do Estado (salvo quando houver infração das leis que protegem os direitos básicos de outros cidadãos).

O impacto das recentes mudanças sobre os direitos sociais, porém, pode ser variadíssimo. Nos países que estão restabelecendo uma economia capitalista, vários direitos sociais existentes vêm sendo ameaçados, entre eles o de habitação e transporte de baixo custo e sobretudo o da segurança do emprego e de certo grau de participação na gestão das empresas, ao passo que, na maioria dos países, as medidas iniciais introduzidas pelos novos regimes, juntamente com a incerteza geral no futuro econômico, levaram ao declínio da produção, a padrões de vida em queda e ao aumento do desemprego. Ainda não se sabe como essas sociedades se desenvolverão na próxima década, mas o surgimento de novos movimentos de protesto evidencia que uma grande parte da população defenderá vigorosamente os direitos sociais existentes e que, em vários países, reaparecerá uma grande divisão política em torno da extensão da despesa com bem-estar social, parecida com a dos países capitalistas. Se essa divisão envolverá uma oposição entre o capitalismo e o socialismo – quer dizer, os partidos socialistas revividos e os partidos comunistas reformados vincularão a política de bem-estar social à manutenção ou restauração da propriedade pública em uma escala significativa e com alguma forma de planejamento, em uma concepção de "política societal", que se ocupa da divisão social da totalidade do produto do processo de trabalho – continua incerto, assim como atualmente é incerto nos países capitalistas avançados.

Em todo caso, podemos dizer, tal como Marshall, que há certo grau de conflito entre a cidadania e o sistema de classe do capitalismo, entre a satisfação das necessidades pelos serviços sociais e pelo mercado; e esse conflito foi reconhecido de diversas maneiras por autores posteriores. Titmuss, em um ensaio sobre a "divisão societal do bem-estar social",[21] levantou amplas questões referentes ao bem-estar e à igualdade social, que aprofundou em um trabalho ulterior sobre a distribuição da renda, no qual enfatizou a "distribuição de classe das rendas e da riqueza"[22] e, ao discutir o significado da pobreza, acercou-se de uma concepção de "política societal" que envolveria mudanças na estrutura econômica e social para alcançar mais igualdade. Por outro lado, Robson,[23] no seu estudo das conquistas e deficiências do Estado de bem-estar social, contestou a opinião segundo a qual a pobreza não pode ser abolida em uma sociedade capitalista, citando como exemplo o caso

---

[21] Titmuss, "The Social Division of Welfare: Some Reflections on the Search for Equity", em *Essays on "The Welfare State"*.
[22] Id., *Income Distribution and Social Change*, p.198.
[23] Robson, *Welfare State and Welfare Society*.

da Suécia (embora a Suécia tenha aplicado políticas mais "socialistas" que a maioria dos países europeus e também tenha testado, recentemente, meios de socializar a propriedade do capital).[24] Robson concluiu o seu estudo dizendo que havia "poucas visões sistemáticas da natureza e das metas do Estado de bem-estar social" e, depois de rejeitar a ideia de que ele seja "apenas um conjunto de serviços sociais" ou "um instrumento cujo objetivo principal é abolir a pobreza" ou que esteja "comprometido com a igualdade social e econômica como o bem supremo",[25] disse que "o bem-estar social é de alcance ilimitado. Estende-se às circunstâncias sociais e econômicas, às condições de trabalho, à remuneração, ao caráter e âmbito dos serviços sociais, à qualidade do ambiente, às instalações recreacionais e ao cultivo das artes".[26] Isso sugere mudanças mais radicais na estrutura social e, particularmente, no sistema de classe do que Robson discutiu de fato ou se mostrou disposto a considerar. Sua ênfase estava no que ele encarava como elementos essenciais no desenvolvimento do Estado de bem-estar social: um alto grau de liberdade pessoal, a proteção dos cidadãos individuais contra os abusos do poder e, correlativamente, o envolvimento responsável dos cidadãos com os negócios da sociedade, a melhoria do ambiente, a melhoria contínua dos serviços sociais e uma avaliação do padrão de vida em termos de uma gama considerável de critérios, tendo em conta não só as rendas monetárias como também fatores como a qualidade do ambiente, a distribuição da riqueza, a satisfação

---

24 Cf. Bottomore, *The Socialist Economy*, op. cit., p.112-3, 130.
25 Robson, op. cit., p.171.
26 Ibid., p.174.

no emprego, a educação sanitária e a habitação. Isso, uma vez mais, se aproxima de uma concepção de política societal, da qual a política social é apenas um elemento.

O desenvolvimento da cidadania, assim como a sua relação com a classe social, é evidentemente mais complexo e, como um processo, mais variável do que dão a entender as palestras de Marshall. Nas sociedades capitalistas, o crescimento dos direitos sociais no Estado de bem-estar social não transformou fundamentalmente o sistema de classe, tampouco os serviços de bem-estar eliminaram a pobreza na maior parte dos casos, ainda que os países mais socialistas, como a Suécia e a Áustria, tenham sido os que mais avançaram nesse aspecto. Nos pretensos "países do socialismo real" na Europa oriental, estabeleceram-se alguns importantes direitos sociais, mas direitos civis e políticos igualmente importantes foram reduzidos ou extintos, ao passo que, ao mesmo tempo, surgiram novas formas de hierarquia e desigualdade. Também nas sociedades capitalistas, no interior do sistema de classe existente, novos tipos de estratificação se desenvolveram a partir das políticas de bem-estar social, como observaram Marshall e, subsequentemente, outros autores. Ademais, o aumento da intervenção estatal na economia e na expansão dos serviços sociais tendeu a criar novas hierarquias e uma maior centralização do poder, coisa que Robson e, partindo de uma perspectiva diferente, muitos críticos conservadores da burocracia governamental notaram.[27]

---

27 Ibid., p.176-7.

Essas, no entanto, não são as únicas questões que precisam de mais consideração. Nos últimos quarenta anos, problemas de cidadania surgiram e foram amplamente discutidos, em contextos bastante novos, nos quais as conexões com a classe social são menos claras; e, no mesmo período, não só ocorreram mudanças significativas na estrutura de classe das sociedades capitalistas como os conflitos políticos na Europa oriental culminaram em uma rápida transformação da estrutura social nos países de socialismo de Estado. É das novas questões colocadas por essas mudanças que se ocuparão as duas próximas seções deste ensaio.

3
Novas questões de cidadania

O estudo de Marshall do desenvolvimento da cidadania foi feito em um contexto particular. Referia-se à Grã-Bretanha (aliás, mais limitadamente à Inglaterra) como uma sociedade mais ou menos homogênea, no período do imediato pós--guerra, embora suas concepções gerais pudessem se aplicar mais amplamente. Hoje, porém, esse contexto já não parece adequado. Surgiu uma grande quantidade de novas questões de cidadania que precisam ser examinadas em um quadro mais vasto, idealmente em escala mundial, mas, em todo caso, com referência aos vários tipos de países industrialmente desenvolvidos e a problemas de cidadania em sociedades cujas populações estão longe de ser homogêneas.

Um ponto de partida útil a tal reconsideração acha-se nos estudos de Brubaker,[1] que examinam os problemas criados pelas migrações maciças do pós-guerra na Europa e na América do Norte, diante do pano de fundo de uma análise do signifi-

---

[1] Brubaker (Org.), *Immigration and the Politics of Citizenship in Europe and North America*; e *Citizenship and Nationhood in France and Germany*.

cado de cidadania no século XX. Em primeiro lugar, devemos notar a importante diferença que se faz entre cidadania *formal* e *substantiva*. A primeira pode-se definir como "pertencimento a um Estado-nação";[2] a segunda, nos termos da concepção de Marshall, como uma variedade de direitos civis, políticos e especialmente sociais, que também envolve algum tipo de participação nos negócios do governo. Brubaker observa então:

> Aquilo que constitui a cidadania — a série de direitos ou o padrão de participação — não está necessariamente ligado ao pertencimento formal a um Estado. A cidadania formal não é uma condição suficiente nem necessária para a cidadania substantiva [...] Que não é uma condição suficiente está claro: a pessoa pode possuir pertencimento formal a um Estado, mas ser excluída (legalmente ou de fato) de certos direitos políticos, civis ou sociais ou da participação efetiva nos negócios do governo em uma variedade de cenários [...] Que a cidadania formal não é uma condição necessária da cidadania substantiva talvez seja menos evidente. Todavia, embora a cidadania formal seja requerida para certos componentes da cidadania substantiva (*e.g.*, votar nas eleições nacionais), outros componentes [...] são independentes do pertencimento formal ao Estado. Os direitos sociais, por exemplo, são acessíveis em termos virtualmente idênticos tanto aos cidadãos quanto aos não cidadãos residentes legalmente, como é a participação no autogoverno de associações, partidos políticos, sindicatos, conselhos de fábrica e outras instituições [...].[3]

---

2 Id., *Immigration and the Politics of Citizenship in Europe and North America*, p.3.
3 Id., *Citizenship and Nationhood in France and Germany*, p.36-8.

Então ele argumenta que:

> A "sociologização" do conceito de cidadania na obra de Marshall e Bendix e dos teóricos da participação foi deveras proveitosa, [mas] introduziu uma propensão *endógena* no estudo da cidadania. O pertencimento formal ao Estado foi dado como certo [...] Mas a imigração maciça do quarto de século passado à Europa ocidental e à América do Norte, deixando na sua esteira uma enorme população cuja cidadania formal está sob questionamento, engendrou uma nova política de cidadania, centrada precisamente na questão de pertencimento ao Estado-nação.[4]

As formas dessa nova política de cidadania variam de um país para outro, influenciadas por diferentes concepções de "nacionalidade", e Brubaker, no volume de ensaios que editou sobre imigração e cidadania, faz comparações interessantes entre seis países industrializados na Europa e na América do Norte.[5] Primeiramente, há "uma diferença básica entre as nações constituídas pela imigração e os países nos quais a imigração ocasional foi incidental na construção da nação. O Canadá e os Estados Unidos têm uma tradição contínua de imigração [...] e a imigração figura com destaque nos seus mitos nacionais".[6] Mas também há importante diferenças entre os países europeus. Na França,

---

4 Ibid.
5 Id., "Introduction", em *Immigration and the Politics of Citizenship in Europe and North America*.
6 Ibid., p.7.

as concepções de nacionalidade e cidadania trazem a marca da sua origem revolucionária. A nação, nessa tradição, foi concebida principalmente em relação à estrutura institucional e territorial do Estado: compreendeu-se a unidade política, não a cultura compartilhada, como a sua base.[7]

Em contraste com essa concepção "universalista, assimilacionista e centrada no Estado", a concepção alemã era

> particularista, orgânica e centrada no *Volk*. Como o sentimento nacional se desenvolveu antes do Estado-nação [...] concebeu-se [...] essa nação alemã não como a portadora de valores políticos universais, mas como uma comunidade orgânica, cultural, linguística ou racial – como uma *Volksgemeinschaft*.[8]

A Suécia se parece com a França na medida em que o sentimento nacional estava ligado a tradições políticas e institucionais, e a ausência de nacionalismo étnico ou cultural "pode ajudar a explicar por que a Suécia foi capaz, com tão pouco barulho ou atrito, de tornar cidadãos os seus imigrantes do pós-guerra".[9] A Grã-Bretanha, contudo, é um caso excepcional, no qual não havia (até 1981) nenhuma concepção clara de cidadania, e os "*status* jurídico e político foram concebidos em termos de lealdade", entre os súditos individuais e o monarca; laços de lealdade que "unem o Império Britânico, não a

---

7 Ibid.
8 Ibid., p.8. As diferenças entre a França e a Alemanha são analisadas mais amplamente em *Citizenship and Nationhood in France and Germany*.
9 Ibid., p.10.

nação britânica". Essa ausência de uma forte identidade como Estado-nação e de uma cidadania nacional estabelecida contribuiu, sugere Brubaker, "para a confusa e amarga política de imigração e cidadania durante o último quarto de século". Por outro lado, como a Grã-Bretanha não se define, tradicionalmente, como um Estado-nação, a maior parte dos imigrantes do pós-guerra não foi considerada estrangeira e, geralmente, tem mais direitos econômicos, sociais e políticos que alhures.[10]

Nesse contexto, outros ensaios do livro de Brubaker levantam questões mais amplas a respeito da cidadania, quanto aos critérios de acesso à cidadania, que examinarei mais tarde neste ensaio. Mas, em primeiro lugar, é necessário considerar mais abrangente e minuciosamente essas novas questões acerca dos direitos substantivos dos cidadãos que tanto interessaram Marshall. Tais direitos são distintos dos direitos formais da cidadania, que não são uma condição suficiente para eles (cf. *supra*), embora os dois conjuntos de direitos sejam plenamente inter-relacionados em muitos aspectos. A primeira questão a ser discutida aqui é a de gênero. Como quase todos os cientistas sociais daquela época, Marshall desconsiderou em grande medida as diferenças de gênero, como evidencia até mesmo a formulação inicial do seu tema em termos de se todo homem podia vir a ser um "cavalheiro". Entretanto, é óbvio que o leque de direitos civis, políticos e sociais cujo desenvolvimento Marshall rastreou se estendeu muito mais lentamente às mulheres do que aos homens, tanto na Grã-Bretanha quanto nos outros países, e que alguns desses direitos ainda estão muito desigual-

---

10 Ibid., p.10-1.

mente distribuídos. Os direitos civis, como o de ter propriedade, foram adquiridos muito mais tarde pelas mulheres, e na Grã-Bretanha, por exemplo, só a partir de 1990 as mulheres casadas passaram a ter direito a tributação independente de suas rendas em vez de tê-las consideradas como uma extensão dos rendimentos do marido. Também os direitos políticos chegaram muito mais tarde para as mulheres, durante o século XX na maioria dos países – em alguns casos, só depois de 1945 –, e elas ainda formam uma pequena minoria nas assembleias legislativas e nos setores mais importantes da administração do Estado, muito embora, por outro lado, tenham sido cada vez mais ativas e destacadas nos movimentos sociais. No domínio dos direitos sociais, as mulheres geralmente sofreram discriminação, e ainda a sofrem na maioria dos países, em relação ao acesso a melhores salários e a ocupações mais prestigiosas e possibilidades de promoção, enquanto as melhorias sociais em setores que são do interesse particular das mulheres, como as creches, a licença-maternidade e o planejamento familiar, vêm se estendendo com menos rapidez do que os outros serviços.

Convém notar aqui que se fez um esforço especial nos países socialistas da Europa oriental para reduzir e desigualdade na esfera do emprego, e as políticas adotadas na Hungria (sobretudo as ligadas à licença-maternidade e às creches) são discutidas minuciosamente por Ferge,[11] que também considera alguns amplos aspectos da política familiar.[12] Mas, como ela observa, atitudes e ideias tradicionalmente arraigadas per-

---

11 Ferge, *A Society in the Making: Hungarian Social and Societal Policy, 1945-1975*, p.98-112.
12 Ibid., p.211-22.

petuam a desigualdade de gênero, particularmente na família, onde o trabalho doméstico é desproporcionalmente executado pelas mulheres, mesmo quando os dois cônjuges trabalhem fora, tanto nos países socialistas como nos capitalistas;[13] e tais atitudes só podem em ser influenciadas muito gradualmente por políticas destinadas a estender e equalizar os direitos sociais. Por isso os novos movimentos feministas que se desenvolveram depois da guerra, e com especial rapidez na década de 1960, têm se ocupado não só dos direitos civis, políticos e sociais, tal como geralmente são entendidos, como também dos estereótipos de gênero que afetam profundamente a vida pessoal e familiar das mulheres.[14] Portanto, hoje, qualquer discussão sobre cidadania é obrigada a ter em conta especificamente a posição social das mulheres – se elas continuam sendo, em muitos países e em certos aspectos (embora decrescentemente), "cidadãs de segunda classe" – e isso levanta novas questões sobre o alcance e o conteúdo dos direitos sociais.

Um segundo problema que coloca questões parecidas é o da diversidade étnica ou etnocultural, que tem aumentado em muitos países em consequência da imigração em larga escala no pós-guerra. Isso criou problemas tanto na cidadania formal quanto na substantiva, e as políticas atinentes à primeira têm variado consideravelmente entre os países – por exemplo,

---

13 Cf. Szalai et al. (Orgs.), *The Use of Time*.
14 O mais influente estudo anterior a levantar essas questões foi, provavelmente, *O segundo sexo*, de Simone de Beauvoir, que foi seguido por uma avalanche de publicações de diversas posições, que provocaram muitas divergências e controvérsias, por exemplo, entre feministas e marxistas (Barret, *Women's Oppression Today*; Banks, *Faces of Feminism*).

entre a Alemanha, a França e a Grã-Bretanha –, posto que, no passado, houvesse uma tendência geral a restringir a imigração e o acesso à cidadania. Mesmo onde existe cidadania formal, contudo, determinados grupos étnicos não podem adquirir na prática os direitos substantivos de cidadania, a não ser em um grau desigual. O movimento pelos direitos civis dos afro-americanos na década de 1960 foi um caso dramático de protesto contra a negação efetiva de direitos civis, políticos e sociais a um importante grupo étnico na sociedade americana; e outros grupos étnicos, tanto nos Estados Unidos como em outros países, fizeram e continuam fazendo campanha contra a discriminação, particularmente na esfera dos direitos sociais. Se se interpretarem amplamente os direitos sociais de modo a incluírem o acesso à educação, à assistência médica, ao emprego e à habitação adequada (como decerto está implícito em muitas concepções do Estado de bem-estar social do pós-guerra) e, além disso, provisão para as necessidades especiais de grupos particulares (por exemplo, as mães que trabalham), é evidente que alguns desses direitos ainda estão distribuídos muito desigualmente, não só entre homens e mulheres como também entre grupos definidos por características étnicas e/ou culturais, em muitos dos países do capitalismo do bem-estar social.

As diferenças étnicas e culturais nos Estados-nação também apresentaram outros problemas de cidadania onde grupos particulares – por exemplo, na província de Quebec no Canadá, no País Basco na Espanha, na Irlanda do Norte e, cada vez mais, na Europa oriental após o colapso dos regimes socialistas de Estado – iniciaram movimentos para obter uma nacionalidade separada mais distinta, na forma de independência completa ou, pelo menos, de autonomia regional muito maior ou, em alguns casos, pela adesão ou incorporação a outro Estado-nação. Alguns desses movimentos põem efetivamente a questão de uma espécie de dupla cidadania, que também é apresentada de modo diferente por tais desenvolvimentos rumo a sistemas políticos supranacionais como a Comunidade Europeia, na qual a cidadania "europeia" parece estar evoluindo, coisa já expressa em um embriônico corpo de direitos apoiado pelo Tribunal Europeu e pela Comissão de Direitos Humanos, e nas propostas do Parlamento Europeu de uma nova "carta social".

Adiante, consideraremos mais completamente essas complexidades da cidadania moderna e as suas implicações para as concepções de nacionalidade e de Estado-nação. Discutamos por ora outros direitos substantivos dos cidadãos nos Estados-nação existentes e, em particular, as consequências da pobreza para tais direitos. Tawney escreveu sobre as "deficiências brutais e esmagadoras [...] que deixam as classes a elas sujeitas em permanente desvantagem",[15] e Marshall concebeu o desenvolvimento da cidadania como "um enriquecimento geral da substância concreta da vida civilizada",[16] a ser conquistado mediante a redução geral do risco e da insegurança e a equalização entre os mais e os menos afortunados. Sem dúvida, nas décadas de 1940 e 1950, tinha-se a erradicação da pobreza como uma das principais metas do Estado de bem-estar social, especialmente com a eliminação do desemprego em larga escala e por longo período, que era uma das suas maiores causas, mas, em todo caso, contrapondo-se aos efeitos de tal desemprego como de fato ocorreu graças aos pagamentos da seguridade social em

---
15 Tawney, p.56 desta edição.
16 Marshall, T. H., p.33 desta edição.

uma escala tão generosa quanto possível. Inicialmente, essas políticas foram bastante eficazes e melhoraram consideravelmente as condições sociais em comparação com o decênio de 1930, mas, nas duas últimas décadas, e particularmente nos anos 1980, a pobreza voltou a crescer na maioria dos países da Europa ocidental, ainda que a Suécia e a Áustria sejam notáveis exceções à tendência geral. A pobreza aumentou sobretudo na Grã-Bretanha, onde o declínio econômico, as mudanças da política fiscal, o desemprego em larga escala e a diminuição do gasto social se combinaram para recriar desigualdades maciças de riqueza e renda, e uma enorme categoria de cidadãos muito pobres, predominantemente da classe operária.

Nos Estados Unidos e na Grã-Bretanha, o termo "subclasse" passou a ser amplamente empregado para designar essa categoria, mas, como assinala Lister, há um elemento ideológico envolvido na aplicação desse rótulo estigmatizante, que tende a definir o pobre em termos morais em vez de econômicos e, na verdade, a ressuscitar as concepções do século XIX do pobre como responsável pela sua própria pobreza.[17] Também há muita divergência quanto ao tamanho dessa dita "subclasse" na Grã-Bretanha, com estimativas que vão de 5% a 30% da população, mas, em todo caso, não há dúvida de que a extensão da pobreza aumentou muito durante a década passada, e a pobreza tem efeitos substanciais sobre a qualidade da cidadania para os afligidos por ela.

Lister inicia o seu estudo citando a definição de Marshall de cidadania como "um *status* outorgado àqueles que são mem-

---

17 Lister, *The Exclusive Society*, p.24-6.

bros plenos de uma comunidade. Todos os que possuem o *status* são iguais no que diz respeito aos direitos e deveres dos quais o *status* é dotado",[18] e prossegue considerando o debate sobre cidadania durante a década passada, na qual as ideias da Nova Direita acometeram contra a chamada "cultura da dependência" – i.e., o corpo de direitos sociais estabelecido pela comunidade como um todo – e preconizaram uma "cultura empresarial" em que indivíduos privados garantem o seu próprio bem-estar por esforço próprio, sendo que o papel do Estado (ou da caridade privada) se limita a prestar ajuda aos que, por um motivo ou outro, são incapazes de ajudar a si mesmos. O domínio dessa ideologia, agora incorporada em políticas sociais, solapou gradualmente os direitos sociais como um atributo da cidadania, dando toda ênfase às atividades privatizadas (assistência médica privada e educação particular, serviços municipais privatizados, a introdução de atividades comerciais nos serviços públicos de todos os tipos) e tratando os pobres geralmente como recipientes de caridade que são efetivamente considerados cidadãos de segunda classe. No entanto, os direitos sociais dos pobres não são os únicos afetados, e Lister menciona a limitação dos direitos civis como resultado da incapacidade de muitos cidadãos pobres de afirmar os seus direitos mediante o processo jurídico[19] e, em particular, as deficiências da assistência e do sistema de aconselhamento jurídicos em comparação com a sua promessa inicial, que Marshall via como um passo importante em direção à equalização

---

18 Marshall, T. H., p.18 desta edição.
19 Lister, op. cit., p.32-40.

dos direitos civis.[20] Lister também observa as várias maneiras como os pobres tendem a perder os direitos políticos e a ficar politicamente "marginalizados", e chama corretamente a atenção para a influência dos fatores econômicos e sociais nesse processo.[21]

Mas, na Grã-Bretanha, a deterioração dos direitos substantivos da cidadania — o civil, o político e o social — se deve principalmente a políticas governamentais recentes, facilitadas pelas peculiaridades do sistema político e eleitoral britânico, e é um tanto excepcional na Europa ocidental como um todo. Na verdade, em vários países europeus houve restrições ao desenvolvimento do Estado de bem-estar social e ao aumento da despesa pública que ele implica, em grande medida em reação à desaceleração do crescimento econômico, mas em nenhum outro lugar a concepção de direitos sociais em particular foi rejeitada de modo tão completo. Na Grã-Bretanha, como observou Marshall, o Estado de bem-estar social sobrevivia, no fim do decênio de 1970, em um "estado precário e um tanto estropiado",[22] e, no início da década de 1990, evidentemente, havia piorado mais ainda. Na maior parte da Europa ocidental, porém, o sistema de bem-estar social suportou com mais sucesso a recessão econômica e as doutrinas da Nova Direita, e os países da Comunidade Europeia (com exceção da Grã-Bretanha) sinalizaram de fato o desejo de estender os direitos sociais mediante as propostas de uma "carta social". Já em um grau surpreendente, alguns direitos dos cidadãos britânicos

---

20 Marshall, T. H., p.29-31 desta edição.
21 Lister, op. cit., p.41-6.
22 Marshall, T. H., *The Right to Welfare and other Essays*.

agora são sustentados por instituições europeias como o Tribunal Europeu e a Comissão de Direitos Humanos; e os direitos políticos podem muito bem ser estendidos pela influência dos outros países membros da Comunidade Europeia que têm sistemas de representação proporcional, agora introduzidos no procedimento de votação para o Parlamento Europeu. Nessa esfera, a filiação à CE estimulou um movimento crescente na Grã-Bretanha (Carta 88) pela reforma democrática radical do sistema político, e parece que, em breve, os britânicos finalmente poderão ser cidadãos em um sentido moderno, em vez de "súditos da Coroa".

À luz da discussão até aqui, agora podemos considerar os modos como a cidadania se desenvolveu nas últimas quatro décadas, e os problemas que surgiram para o tipo de ampliação contínua dos direitos dos cidadãos que Marshall previu. Como eu observei, as questões de cidadania formal (isto é, a filiação a um Estado-nação) assumiram maior importância por vários motivos: (i) a grande imigração, no pós-guerra, de trabalhadores estrangeiros em alguns países, aos quais a cidadania pode ser negada mesmo que eles sejam residentes há muito tempo (como no caso dos ditos "trabalhadores convidados" na Alemanha); (ii) uma "internacionalização" crescente do emprego, especialmente na Comunidade Europeia, que resulta da internacionalização das atividades econômicas e cria grupos significativos de estrangeiros legalmente residentes; e (iii) decorrentes desses processos, questões mais gerais atinentes à relação entre residência e cidadania, e até que ponto o Estado-nação ainda deve ser considerado como o único ou o principal *locus* da cidadania no seu sentido substantivo. Aqui, surge a importante pergunta se os direitos dos cidadãos devem ser concebidos como os direitos humanos de todos os indivíduos que são membros estabelecidos de uma comunidade, independentemente da sua filiação a um Estado-membro, e discutirei essa questão mais abrangente no fim deste ensaio.

O desenvolvimento da própria cidadania substantiva seguiu um curso mais irregular e variável do que esperavam e desejavam Marshall e outros autores quarenta anos atrás. O Estado do bem-estar social do pós-guerra então parecia ofertar a promessa de direitos civis e políticos mais iguais e uma expansão substancial dos direitos sociais que estabeleceriam, paulatinamente, mais equidade econômica e social. Nesse sentido, a ideia de cidadania expressava um "princípio de igualdade", mas este conflitava com a desigualdade incorporada no sistema econômico capitalista e na estrutura de classe; e o resultado da contenda entre os dois dependia não só da extensão do bem-estar no sentido mais estreito de serviços sociais, assistência médica, educação ou até pleno emprego, e sim de mudanças na posse de propriedade, no controle econômico e na distribuição de renda real, como reconheceu Marshall[23] na sua discussão da exposição de Durbin do socialismo democrático.[24] Nos decênios de 1950 e 1960, na maior parte dos países da Europa ocidental, houve certo progresso rumo à maior igualdade nessas duas esferas; mudanças na distribuição da riqueza e da renda e no controle econômico mediante várias formas de "economia mista", bem como a expansão e a melhora da provisão de bem-estar social, facilitada pelas taxas excepcionalmente altas de crescimento econômico.

---

23 Marshall, T. H., *The Right to Welfare*, op. cit.
24 Cf. p.59-61 desta edição.

Mas, a partir do meado da década de 1970, à medida que as taxas de crescimento declinavam, a expansão do bem-estar e dos direitos sociais foi contida. O aumento do desemprego e o envelhecimento das populações (e, em alguns países, o incremento das despesas militares) impôs maiores exigências ao orçamento do Estado, sendo que, ao mesmo tempo, a economia mista parecia funcionar com menos sucesso. Devido a essas condições, cresceram as novas doutrinas e movimentos políticos, mais proeminentes na Grã-Bretanha e nos Estados Unidos, que advogavam (e nesses dois países particularmente, implementaram tanto quanto possível) políticas de corte das despesas do governo e o retorno ao capitalismo *laissez-faire*. Consequentemente, sobretudo na Grã-Bretanha, e até certo ponto em outros lugares, a desigualdade voltou a crescer, e a economia capitalista de mercado passou a dominar o Estado de bem-estar social. Portanto, é necessário reconsiderar, à luz da experiência do pós-guerra, qual é a relação entre a cidadania e a classe social e como, em circunstâncias variáveis e em diferentes países, ela pode flutuar.

4
Classes cambiantes, doutrinas cambiantes

O desenvolvimento da cidadania substantiva como um corpo crescente de direitos civis, políticos e sociais precisa ser explicado, bem como descrito, e não basta conceber esse processo em termos abstratos, teleológicos, como se ele fosse imanente à ascensão do capitalismo moderno. Grupos sociais específicos se envolveram nas lutas para ampliar ou restringir tais direitos, e, nesses conflitos, as classes sociais desempenharam um papel importantíssimo. Marshall reconheceu a existência de um elemento de conflito, mas o expressou como um choque entre princípios opostos, não entre classes, e a sua discussão de classe se ocupava principalmente, como ele disse, do impacto da cidadania sobre a classe social, não nos modos pelos quais o próprio desenvolvimento histórico das classes havia gerado novas concepções de cidadania e movimentos para expandir os direitos dos cidadãos.

Não obstante, o impacto da classe sobre a cidadania é inequívoco. Os direitos civis e, até certo ponto, os direitos políticos foram conquistados pelos burgueses das cidades medievais em oposição à aristocracia feudal e, subsequentemente em uma escala nacional mais extensiva, pela burguesia nos primeiros estágios do desenvolvimento do capitalismo industrial. No século XIX, a luta para ampliar os direitos políticos foi levada a cabo principalmente pelo movimento da classe operária, nas revoluções de 1848, no movimento cartista e nas campanhas posteriores pelo sufrágio universal, que tiveram um lugar proeminente nas atividades dos partidos socialistas em rápido crescimento na Europa. Essas lutas prosseguiram no século XX e se ampliaram em campanhas pelos direitos sociais, instigadas principalmente pelos sindicatos e os partidos socialistas e fazendo parte de um movimento mais geral pelo socialismo. O Estado de bem-estar social na Europa ocidental foi em grande parte o resultado dessas ações baseadas em classe, e, no período do fim da década de 1940 até o início da de 1970, pareceu ter-se atingido uma espécie de equilíbrio na forma de "capitalismo de bem-estar social" e de uma "economia mista", que Schumpeter caracterizou com um possível meio caminho na marcha para o socialismo,[1] e cientistas sociais posteriores o designaram como neocapitalismo, capitalismo organizado ou corporativismo.[2] Nesse sistema, o Estado intervencionista teve um papel crucial na negociação de acordos com o grande capital e a mão de obra organizada, por meio do qual se pôde chegar a um "compromisso de classe".[3]

---

[1] Schumpeter, "The March into Socialism", *Capitalism, Socialism and Democracy*.

[2] Panitch, "The Development of Corporativism in Liberal Democracies", *Comparative Political Studies*, v.10, n.1, 1977.

[3] Offe, "The Separation of Form and Content in Liberal Democratic Politics", *Studies in Political Economy*, v.3, 1980.

Esse compromisso e certo grau de consenso subjacente sobre o papel do Estado na sociedade do capitalismo de bem-estar social dependiam da força relativa e das orientações políticas das diferentes classes e também, em grande medida, das taxas excepcionalmente elevadas do crescimento econômico no período desde o fim da guerra até o início do decênio de 1970. O crescimento econômico e a ampliação dos direitos sociais tiveram um efeito importante na estrutura de classe, como Marshall previu na sua discussão sobre o impacto da cidadania na classe social. Em primeiro lugar, a extensão precedente dos direitos políticos no curso do século XX – ela própria, como argumentei, resultante das ações de classe – possibilitou o rápido crescimento dos partidos da classe operária na Europa ocidental (particularmente conspícuo depois de 1945) em termos tanto de filiação quanto de apoio eleitoral na maioria dos países; e esse foi o fator crucial no desenvolvimento, no pós-guerra, dos direitos sociais naquelas que continuavam sendo predominantemente economias capitalistas. Ao mesmo tempo, os partidos da classe operária (principalmente socialistas ou social-democratas) tinham uma concepção de cidadania e de direitos sociais que iam consideravelmente além do que era visto ordinariamente como a provisão de serviços de bem-estar. Ela incorporava ideias de reforma educacional radical, a eliminação da pobreza, o pleno emprego como um objetivo importante, a democracia econômica, que envolveria a socialização de grandes empresas industriais, financeiras e de serviços em áreas básicas, e um fortalecimento geral do papel econômico do Estado, inclusive o planejamento nacional em várias formas. Tudo isso apontava claramente para além do Estado de bem-estar social, em direção a uma forma de sociedade mais socialista, como era reconhecida desde diferentes pontos de vista em escritos como os de Schumpeter e Durbin, e expressa nas políticas do primeiro governo trabalhista do pós-guerra na Grã-Bretanha.

As políticas e ações dos partidos socialistas, em alguns casos como governo, em outros como parceiro influente em coalizões ou como oposição poderosa, resultou de fato em uma expansão da propriedade pública e em um planejamento econômico na Europa ocidental, ainda que em graus diferentes em cada país; e a introdução do planejamento macroeconômico, em particular, pode-se sustentar,[4] foi um importante fator no crescimento econômico prolongado daquela que Maddison chamou de "idade de ouro",[5] de 1950 a 1973. Essas mudanças, contudo, produziram alterações significativas na estrutura de classe e na atitude social e política das diferentes classes. Primeiro, o desenvolvimento econômico do pós-guerra, no qual a rápida inovação tecnológica era uma característica relevante, e a expansão dos direitos de bem-estar social (e, portanto, a extensão das atividades do governo) reduziu continuamente o número da classe trabalhadora braçal e aumentou o número dos empregados de colarinho branco, ocupações de serviço que iam do trabalho em escritório até as atividades profissionais e técnicas em empresas tanto privadas quanto públicas e nos vastos serviços sociais.[6] Atualmente, nos países industrializados

---

4 Bottomore, *The Socialist Economy*, cap.3.
5 Maddison, *Phases of Capitalist Development*, p.96.
6 O padrão geral de mudança é indicado em um estudo das ocupações na Grã-Bretanha de Routh, *Occupation and Pay in Great Britain: 1906-1979*, que mostra que, entre 1951 e 1979, a proporção da popu-

avançados, a classe trabalhadora manual constitui só a metade ou menos da população ocupada.

Ao mesmo tempo, a situação econômica da classe operária mudou substancialmente como resultado do crescimento econômico, do pleno emprego (até o começo da década de 1970), da expansão dos serviços de bem-estar social e do aumento das oportunidades de mobilidade social, mas também de certa melhora do acesso à educação. A sua situação social, em comparação com o século XIX e a parte inicial do XX, também mudou com a aquisição de importantes direitos civis, políticos e sociais; ou seja, como resultado do crescimento da cidadania no sentido de Marshall, que produziu um estado muito diferente da descrição de Marx dessa classe na década de 1840, como a de "uma classe *na* sociedade civil que não é uma classe *da* sociedade civil", uma classe que sofria uma *"perda total"* de humanidade.[7] Essa transformação da situação econômica e social dos trabalhadores na segunda metade do século XX deu origem, desde o fim do decênio de 1950, a muitos estudos e discussões sobre tais fenômenos, como o "operário abastado", o "aburguesamento" da classe operária e o surgimento de um novo tipo de "sociedade de classe média". Algumas afirmações a respeito do grau em que essas mudanças fundamentais tinham ocorrido ou estavam ocorrendo eram, sem dúvida, exa-

---

lação ocupada classificada como trabalhadores manuais (inclusive contramestres) caiu de 72% para 54%, ao passo que a proporção dos trabalhadores de escritório ou profissionais, gerentes e empregados subiu de 28% para 46% (p.4, 45). Em 1990, a proporção de trabalhadores manuais havia diminuído ainda mais.
7 Marx, "Introduction", em *Critique of Hegel's Philosophy of Right*.

geradas, assim como as conclusões delas tiradas. Estas foram examinadas criticamente, no caso da Grã-Bretanha, em uma série de estudos sumariados em Godthorpe et al.,[8] no qual os autores concluíram que, quando se examinam três importantes aspectos da vida cotidiana de operários abastados – o trabalho, os padrões de sociabilidade, as aspirações e perspectivas sociais –, as conclusões mostram que "restam áreas importantes de experiência social comum que continuam sendo muito distintamente classe operária", e que a evidência "é suficiente para mostrar que a tese [do aburguesamento] pode na verdade desmoronar bastante decisivamente em qualquer um de vários pontos".[9] Outras críticas à tese foram feitas por aqueles que indicaram o surgimento de uma "nova classe operária", de operários mais abastados, habilidosos e tecnicamente qualificados que ainda se mantinham leais aos partidos tradicionais da classe operária,[10] e, do outro lado, pelos que chamaram a atenção para um processo de "proletarização" de certos segmentos da classe média.[11]

Em todo caso, atualmente é evidente que a diferença entre a classe operária e a classe média persiste nos países capitalistas industrializados (e agora está reaparecendo nas antigas sociedades de socialismo de Estado da Europa oriental), expressa nas concepções divergentes de bem-estar social e de direitos de

---

8 Goldthorpe et al., *The Affluent Worker in the Class Structure*.
9 Ibid., p.157.
10 Mallet, *The New Working Class*.
11 Renner, *Wandlungen der modernen Gesellschaft. Zwei Abhandlungen über die Probleme der Nachkriegszeit*; Braverman, *Labour and Monopoly Capital*. Examinei este e outros aspectos da estrutura de classe cambiante mais a fundo em Bottomore, *Classes in Modern Society*.

Cidadania e classe social

cidadania que se exprimem nos programas e políticas de partidos rivais amplamente baseados em classe. Essas sociedades só podem ser consideradas de "classe média" no sentido limitado de que a classe média, amplamente definida, agora forma uma parte muito maior da população, e mesmo então tal concepção requer que desconsideremos a existência de uma classe alta rica, composta por proprietários de grande capital, que continua a dominar a economia e muitas outras áreas da vida social, assim como a enorme diferenciação dentro da própria classe média em termos de posse de propriedade, nível de renda, educação e estilo de vida. Não obstante, a expansão da classe média como um todo, em conjunção com o crescimento econômico e a extensão dos serviços de bem-estar social, ocasionou mudanças significativas nas atitudes sociais e políticas. No princípio da década de 1970, como observei antes, difundia-se amplamente que se estabelecera uma espécie de equilíbrio e um vasto consenso de opinião nas sociedades da Europa ocidental, com base em um Estado de bem-estar ou sociedade de bem-estar, em uma economia mista e em um sistema político democrático. Essa visão se refletia nos programas da maioria dos partidos políticos e especialmente nos partidos socialistas, que concentravam cada vez mais a atenção nas políticas de bem-estar social em vez de nas tradicionais metas socialistas de longo prazo, como a extensão da propriedade pública e a conquista de uma igualdade mais fundamental na situação econômica e social de todos os cidadãos, que costumavam descrever como uma sociedade "sem classes".

Até que ponto essa reorientação da política partidária (que era mais pronunciada em alguns países do que em outros) correspondeu a uma mudança nas atitudes sociais dentro de classes específicas é uma questão controversa. Os levantes radicais do fim do decênio de 1960 indicaram os limites do consenso e a existência de insatisfação generalizada em algumas partes da sociedade (posto que não muito destacadamente na classe operária) com o sistema hierárquico existente; e, embora o resultado imediato desses eventos tenha sido o fortalecimento das forças conservadoras, os seus efeitos de mais longo prazo – manifestos, por exemplo, no crescimento do movimento feminista, dos partidos verdes e da oposição democrática na Europa oriental – foram mais radicais. Deu-se muita atenção, no entanto, à questão das mudanças nas atitudes da classe operária. Em alguns países, durante os decênios de 1970 e 1980, e mais claramente na Grã-Bretanha, um número crescente de operários, particularmente os de ocupações qualificadas muito bem pagas, transferiram a sua lealdade dos partidos socialistas para os partidos liberais ou conservadores, e isso, sem dúvida, refletiu de algum modo uma mudança no caráter de seus principais interesses econômicos e sociais. O pleno emprego, o crescimento econômico e um sistema de bem-estar extensivo havia levado mais prosperidade à maioria da população e, com isso, uma preocupação com o padrão de vida individual ou familiar e uma ênfase no consumo privado, auxiliado pela rápida expansão do crédito ao consumidor. Por isso os operários mais prósperos, bem como uma parte considerável da classe média, passaram a se preocupar tanto ou mais com a inflação, as taxas de juros e os níveis de tributação pessoal do que com a expansão do Estado de bem-estar social ou a extensão da propriedade pública, que pareciam ter menos significado do que o bem-estar individual. Pode-se descrever a natureza geral dessa mudança, o que foi feito por Goldthorpe e Lockwood[12] – embora subsequentemente eles tenham ficado mais críticos à ideia de "aburguesamento"[13] –, como o surgimento de "uma visão distinta de sociedade que diverge tanto do individualismo radical da velha classe média quanto do coletivismo abrangente da velha classe operária". Nessa visão, o coletivismo é aceito como um meio ("coletivismo instrumental"), mas não como um fim, sendo concebido em termos mais individualistas ou centrados na família, envolvendo o padrão de vida da família, as perspectivas de avanço ocupacional e as oportunidades educacionais e de carreira para os filhos.

Uma mudança desse tipo, de uma perspectiva social mais coletivista para uma mais individualista, provavelmente começou a se manifestar no fim do decênio de 1950 e pelos anos 1960 adentro,[14] mas não convém exagerar a sua novidade, a sua extensão, a sua universalidade entre os países nem a sua durabilidade. Com o desenvolvimento do capitalismo, e especialmente o crescimento das grandes corporações, o desejo de avanço individual na hierarquia ocupacional já se havia tornado poderosíssimo no começo do século XX, como observara Hilferding[15] entre outros, mas tais aspirações individualistas se robusteceram muito com o crescimento excepcional posterior à Segunda Guerra Mundial. Todavia, a extensão em que os ob-

---

12 Goldthorpe; Lockwood, "Affluence and the British Class Structure", *Sociological Review*, v.11, n.2, jul. 1963.
13 Ver p.75 desta edição.
14 Eu me referi alhures (Bottomore, *Classes in Modern Society*, cap.5) a estudos feitos em alguns outros países europeus.
15 Hilferding, *Finance Capital: A Study of the Latest Phase of Capitalist Development*, p.347.

jetivos individuais e familiares vieram a prevalecer foi restringida em todos os países da Europa ocidental por uma forte e contínua ligação das organizações da classe operária (sindicatos e partidos políticos) com os objetivos coletivistas e em diversos graus igualitários simbolizados sobretudo pelo Estado de bem-estar social e, em menor grau, pela propriedade pública. Além disso, nesses países em que os partidos socialistas eram particularmente fortes – nos escandinavos e especialmente na Suécia, na Áustria, na Alemanha Ocidental e na França a partir de 1981 –, houve pouca redução do apoio às metas coletivistas, e, na Europa ocidental continental como um todo, não houve nenhum movimento muito importante fora do padrão estabelecido de provisão de bem-estar social e propriedade pública.[16] O ataque virulento à "cultura da dependência" e a privatização maciça de ativos públicos que caracterizaram a atitude e as políticas do governo da Grã-Bretanha durante a década de 1980 foram, portanto, bastante excepcionais.

Sem embargo, pode-se argumentar razoavelmente que na maioria dos países, no fim da década de 1960, não havia um desejo muito forte ou disseminado, entre grandes setores da classe operária ou nos segmentos da classe média que haviam apoiado o Estado de bem-estar social e dele se beneficiado, de expandir significativamente o âmbito da provisão de bem-

---

16 Para um relato das diferentes atitudes e políticas em alguns desses países, cf. Gallie, *In Search of the New Working Class*; Scase, *Social Democracy in Capitalist Society: Working Class Politics in Britain and Sweden*; Rydén; Bergström, *Sweden: Choices for Economic and Social Policy in the 1980s*. Note-se também que na França, desde 1981, se estendeu a propriedade pública, ao passo que, na Suécia, o projeto para fundos de investimento de empregados delineou uma nova concepção de propriedade coletiva (Bottomore, *The Socialist Economy*, p.130).

-estar ou, mais particularmente, da propriedade pública. O nível de serviços públicos existente, inclusive de saúde e educação, embora capaz de progresso contínuo, parecia para muita gente adequado, e a prosperidade crescente de grande parte da população desviou a atenção, como já observei, da provisão coletiva para os interesses dos indivíduos como consumidores.

Desde o meado do decênio de 1970, porém, vários fatores provocaram uma mudança radical nessa situação. O envelhecimento da população exigia níveis mais elevados de despesa pública em aposentadorias e serviços de saúde, e a recessão econômica e uma desaceleração geral do crescimento econômico, acompanhadas pelo desemprego em ascensão, que fazia novas exigências à despesa pública, aumentaram a pressão financeira sobre o Estado de bem-estar social. Ao mesmo tempo, as expectativas quanto à qualidade dos serviços públicos continuavam subindo. Na Grã-Bretanha, que desde os anos 1950 tivera taxas de crescimento mais baixas que as de muitos outros países da Europa ocidental (ou que as do Japão e as dos Estados Unidos), o declínio na manufatura e crises econômicas recorrentes, os problemas eram mais agudos que em outros lugares, de modo que não surpreende que, no fim da década de 1970, o Estado de bem-estar social britânico estivesse particularmente debilitado, ao passo que a situação econômica geral provocava flutuações agudas nas atitudes políticas. No fim do decênio de 1980, contudo, a "nova política econômica" aplicada durante uma década havia deixado a economia britânica em uma situação ainda mais precária e o Estado de bem-estar social enfrentava um futuro ainda mais incerto, em forte contraste com a maior parte dos outros países da Europa ocidental, inclusive os outros Estados-membros da Comunidade Europeia, que haviam afrontado com mais sucesso a recessão econômica – até certo ponto por meio de um planejamento econômico eficaz – ao mesmo tempo que mantinham uma economia "mista" de propriedade privada e pública (e, em alguns casos, ampliando esta) e, em vários países, expandindo os serviços de bem-estar social.

Durante a década de 1980, a Grã-Bretanha desenvolveu políticas econômicas e sociais idiossincráticas que contrastavam muito com as dos outros países europeus e tinham mais afinidade (inclusive em relação aos problemas que elas geraram) com as políticas dos Estados Unidos no mesmo período. Claro está, todas as sociedades industrializadas tiveram de enfrentar as dificuldades criadas pela recessão e o crescimento econômico mais lento a partir da metade do decênio de 1970, mas a maioria dos países europeus ocidentais reagiram de maneira diferente, mantendo com mais sucesso o seu sistema de bem-estar social, suas várias formas de economia mista e um importante elemento de planejamento central. Por isso, ao considerar o desenvolvimento recente dos direitos sociais, é essencial enxergar, mais além do caso da Grã-Bretanha, o contexto mais amplo, especialmente europeu. Rydén e Bergström, por exemplo, observam que, apesar da situação econômica mais dura dos anos 1970, a Suécia deu continuidade a suas políticas de democratização da vida laboral e de expansão do setor público, enfatizando a preservação do ambiente, o aumento do lazer e mais oportunidades para a tomada de decisões que afetassem a vida do cidadão;[17] e concluem que "a sociedade e a economia suecas – o Estado de bem-estar social – se mostra-

---

17 Rydén; Bergström, op. cit. Eles também assinalam, porém, que essas políticas envolveram "centralização contínua, burocratização, eficiência intensificada e uma sensação de alienação no indivíduo

ram fortíssimas no confronto com a instabilidade e as crises da década de 1970".[18] Do mesmo modo, na Áustria, os governos predominantemente socialistas a partir de 1970 não só mantiveram o sistema de bem-estar como expandiram os programas de bem-estar social e incrementaram a participação dos operários na gestão da indústria.

A experiência dos dois países mostra que, mesmo em situações mais difíceis, é possível sustentar um alto nível de prosperidade material, desemprego e inflação baixos e, ao mesmo tempo, promover políticas que ampliam os direitos sociais dos cidadãos. O seu modelo também teve uma influência significativa em outros lugares; por exemplo, os governos franceses, desde 1981, salvo um breve interlúdio de compromisso bipartidário, empreenderam políticas de ampliação da propriedade pública, assim como de aumento da despesa pública em serviços de bem-estar e em infraestrutura social (especialmente as ferrovias). Outros países europeus, embora não estivessem tão fortemente comprometidos com a extensão do bem-estar social, em sua maioria mantiveram os níveis existentes de despesa em bem-estar e, ao contrário da Grã-Bretanha, não deram uma prioridade esmagadora à redução da despesa pública, privatizando ativos públicos e encorajando o desenvolvimento de uma economia de mercado sem travas. Pode-se concluir que a orientação social e política da maior parte dos países europeus ocidentais provém, em certa medida, das políticas da Comunidade Europeia. Atualmente, no Parlamento Europeu,

---

diante das grandes burocracias privadas e públicas"; e voltarei a essas questões.
18 Ibid., p.8.

os partidos socialistas e grupos aliados formam a maioria, e a sua influência será um fator significativo na plasmação da nova "carta social" europeia, que prevê não só o aprimoramento progressivo dos direitos de bem-estar social como também a extensão da democracia industrial pelo aumento da representação dos operários na gestão da indústria. Isso, junto com a influência de países como a Suécia e a Áustria, que atualmente não são membros da CE – se bem que seja provável que ingressem no decurso da década de 1990 –, provavelmente ocasionará a expansão dos direitos sociais em toda a Europa, coisa que também afetará as condições na Europa oriental e, a longo prazo, levantará questões de direitos sociais no Terceiro Mundo. Ao mesmo tempo, esses desenvolvimentos estão destinados a provocar uma reconsideração do que *são* os direitos sociais e até que ponto eles podem ser definidos em termos de cidadania, questão essa que discutirei mais a fundo na próxima seção deste ensaio.

O que está claro a esta altura é que as concepções de direitos, de bem-estar social e de cidadania variam significativamente no espectro político. Grande parte do compromisso ou consenso das décadas de 1950 e 1960 desabou, e, na Grã-Bretanha, não existe mais, de modo que agora já não há, evidentemente, uma nítida divisão entre esquerda e direita, entre os princípios conflitantes de igualdade e desigualdade que Marshall considerava como implícito na relação entre cidadania e capitalismo. Os governos conservadores, especialmente nos países em eles foram influenciados pelas doutrinas da Nova Direita,[19] estão

---

19 Para um breve exame dessas doutrinas, cf. Grant, "The New Right", em Outhwaite; Bottomore (Orgs.), *Blackwell Dictionary of Twentieth*

interessados principalmente em limitar ou reduzir a despesa pública (salvo, em alguns casos, na esfera militar) e em reforçar o papel da empresa privada e dos mercados. Os governos socialistas, por outro lado, são mais inclinados a manter e, na medida do possível, incrementar a despesa pública (especialmente em educação, saúde e outros serviços de bem-estar social); a regular as relações de mercado por vários meios, inclusive certo grau de planejamento econômico; a manter ou aumentar um elemento substancial de propriedade pública em uma economia mista e, mais geralmente, a incentivar a maior participação dos operários na gestão. Além disso, almejam promover mais igualdade econômica mediante medidas fiscais e outras.[20] Uma parte dessas políticas socialistas (por exemplo, a despesa de bem-estar social em certas áreas e a economia mista, desde que o setor público não seja muito grande) também podem ser apoiadas por partidos liberais e de centro, que às vezes têm sido influentes em governos de coalizão. Tanto que, durante as duas últimas décadas, governos de todos os matizes políticos mantiveram ou melhoraram o nível dos serviços de assistência social para enfrentar alguns problemas gerais decorrentes, como mencionei anteriormente, do envelhecimento da população, da desaceleração do crescimento econômico e do consequente aumento do desemprego. Também convém notar aqui que as taxas mais baixas de crescimento econômico não

---

    Century Social Thought, e, para uma análise crítica delas, King, *The New Right: Politics, Markets and Citizenship*.

20 Ver a exposição de um projeto de recuperação europeia desde uma perspectiva socialista em Holland, *Out of Crisis: A Project for European Recovery*.

devem ser encaradas simplesmente como um efeito temporário de vários choques externos, mas precisam ser consideradas em um contexto muito mais abrangente que leva em conta as consequências ambientais das altas taxas de crescimento. Agora o "vício do crescimento" do período do pós-guerra nos países industrializados ou recém-industrializados parece mais questionável,[21] e as comparações de taxas de crescimento agregadas, sem ter em conta o que está crescendo ou quais podem ser os efeitos ecológicos, já não parecem satisfatórias como medida do nível do bem-estar social, no sentido mais amplo, em diferentes países.

De fato, observados com mais atenção, esses problemas gerais também indicam a existência de outras importantes diferenças entre os partidos conservadores e os socialistas na abordagem das políticas de bem-estar social. Assim, a mudança na estrutura etária da população nas sociedades industrializadas, bem como a extensão do período de educação formal, exige uma nova reflexão sobre o modo como o produto social é dividido entre diferentes categorias etárias, não medidas paliativas para lidar com a dificuldade entre os jovens e os idosos; e é mais provável que tais concepções novas da divisão do bem-estar social venham dos partidos socialistas. Do mesmo modo, as taxas de crescimento baixas, que, de fato, podem ser desejáveis em algumas áreas como sugeri, levantam questões particularmente sobre onde e em que medida o crescimento deve ser estimulado — por exemplo, na provisão de habitação de baixo custo e de assistência médica melhorada — e isso en-

---

21 Sobre um aspecto importante dessa questão, cf. Hirsch, *Social Limits to Growth*.

volve um grau de planejamento econômico que vai além do que é geralmente aceitável para os partidos conservadores. O desemprego, que é um resultado da recessão econômica nas áreas tradicionais do crescimento capitalista, não só aumenta considerável e prodigamente as despesas públicas como também tem um efeito geralmente desmoralizante na parte substancial da população a ele exposta, além de diminuir os seus direitos como cidadãos.[22] Aqui é impressionante o contraste entre os governos conservadores muito direitistas, como na Grã-Bretanha, e os governos socialistas como o da Suécia e o da Áustria, na natureza e eficácia das suas políticas de combate ao desemprego.

Ainda temos de considerar, todavia, outro aspecto do desenvolvimento dos direitos sociais, que é mencionado por Rydén e Bergström quando se referem à sensação de alienação vivida pelo indivíduo ao enfrentar grandes burocracias.[23] Isso, como eles deixam claro, não ocorre somente em virtude da existência de burocracias públicas, mas, como sustentou Schumpeter, em virtude da burocratização da vida nas sociedades industriais modernas, que são cada vez mais dominadas, em quase todas as esferas, por enormes organizações burocraticamente administradas.[24] Contudo, é provavelmente em relação às burocracias públicas que os indivíduos se sentem mais frustrados, como era evidentíssimo nos países do socialismo de Estado da Europa oriental, se bem que, no caso, o principal ressentimento se devia especificamente à ditadura política dos partidos co-

---

22 Cf. p.71 desta edição.
23 Rydén; Bergström, op. cit., cf. p.79 desta edição.
24 Schumpeter, *Capitalism, Socialism and Democracy*, p.206.

munistas e ao governo de funcionários do partido. Na Europa ocidental, sofriam-se as frustrações de modo mais difuso e de maneiras diferentes em cada grupo particular da população, como limitações da liberdade pessoal ou como problemas de inadequação ou ineficiência dos serviços públicos; e, especialmente na Grã-Bretanha, tais sentimentos chegaram, sem dúvida, a ocasionar uma mudança rumo a uma atitude mais individualista, embora a insatisfação com o desempenho ruim da economia fosse um fator mais poderoso, e, nos últimos anos, houve um ressurgimento do apoio ao aumento das despesas em bem-estar social.

Não obstante, em qualquer sistema de bem-estar social, deve haver problemas para que se chegue a um equilíbrio entre uma administração eficiente e a preocupação com o indivíduo como consumidor de serviços públicos, entre as restrições necessariamente impostas pelas políticas de bem-estar social e a liberdade do indivíduo. A consecução de tal equilíbrio, que provavelmente jamais alcançará um estado de perfeição, pode ser auxiliada pelo envolvimento maior de grupos de consumidores e de organizações filantrópicas e grupos de ajuda mútua na operação dos serviços de bem-estar social, como discute a edição mais recente de *Social Policy* [Política Social] de Marshall.[25] Aqui, como alhures, certa mistura de esforço público e privado (este na forma de associações voluntárias, sendo elas próprias uma expressão da cidadania) pode ser valiosa, muito embora a fundação e a estrutura principal do sistema de bem-estar social sejam constituídas essencialmente de serviços prestados pelo Estado.

---

25 Marshall, T. H., *Social Policy*, completado por Rees, cap.13.

No trabalho, no processo de produção, o indivíduo se depara com burocracias privadas ou públicas, e o bem-estar individual nessa esfera depende muito claramente da extensão dos direitos sociais. As regulações de saúde e segurança, um salário mínimo legal, a proteção dada por sindicatos independentes são elementos necessários nesse corpo de direitos, mas precisam ser complementados por outros direitos que dariam aos operários mais controle sobre o próprio processo de trabalho, através de mais participação na gestão da empresa. Esse tipo de extensão dos direitos sociais foi levado a cabo de várias formas – no sistema de autogestão na Iugoslávia, e de outras maneiras, que podem ser mais ou menos abrangentes, em países como a Áustria, a Alemanha e a Suécia – e está previsto em escala mais ampla nas propostas de uma carta social na Comunidade Europeia.

Portanto, é bem possível que, a partir de 1992, com a criação de um mercado único na Comunidade Europeia, a provável adesão de novos membros e um processo contínuo de unificação, haja uma extensão substancial de direitos sociais e, até certo ponto, de direitos civis e políticos, em uma direção que tem sido advogada pelos partidos socialistas. Mas qualquer extensão terá de prestar mais atenção à erradicação daquelas desigualdades específicas que procedem das diferenças de gênero ou de origem etnocultural, e também enfrentará questões maiores referentes à definição e ao alcance dos direitos sociais, suas implicações na estrutura econômica e no sistema de classes, e a relação entre os direitos sociais nos países industrializados avançados e os direitos dos indivíduos em outras partes do mundo, especialmente nos países mais pobres. É para essas questões mais amplas que vou me voltar agora.

5
Uma espécie de conclusão

Neste ensaio, fui um pouco além dos temas discutidos por Marshall em 1949. As questões novas aqui levantadas concernem à relação entre cidadania formal e substantiva; a conexão entre direitos e cidadania; as concepções diversas e conflitantes da natureza e da extensão dos direitos sociais; o papel das classes e de outros grupos sociais no desenvolvimento de tais direitos; as tensões entre uma economia capitalista de mercado e um Estado de bem-estar social decorrentes dos seus diferentes objetivos e resultados; e as variações da cidadania, em princípio e na prática, entre as nações. Essas questões precisam ser consideradas mais detidamente.

O interesse crescente pela cidadania formal – i.e., a filiação a um Estado-nação – foi provocado em grande medida pela escala da migração no pós-guerra, real e potencial, para os países industrializados avançados. A cidadania, no seu sentido formal e jurídico, é claramente um importante fator que afeta a atribuição de direitos, ainda que não seja uma condição necessária nem suficiente para a posse e o exercício efetivos de vários direitos;[1] e as migrações do pós-guerra, especialmente de trabalhadores de países mais pobres durante o período de rápido crescimento econômico até o início da década de 1970, levaram, no devido tempo, a definições mais rigorosas de elegibilidade para a cidadania em alguns países industrializados e a controles mais rígidos da imigração na maioria deles. Dessas condições surgiu um novo debate sobre a cidadania formal, bem como organizações que fazem campanha por políticas mais liberais na concessão da cidadania aos residentes de longa data (e, por outro lado, movimentos nacionalistas, para não dizer xenófobos, que visam excluir ou expulsar os trabalhadores estrangeiros); e o debate colocou questões importantes referentes à natureza da cidadania no mundo moderno e à relação entre residência e cidadania.

Vários colaboradores do livro de Brubaker discutem diversos aspectos dessas questões.[2] Assim, Carens alega que "aos autorizados a residir e trabalhar em uma nação deve-se conceder o direito de se tornarem cidadãos depois de uma moderada passagem do tempo e algumas formalidades razoáveis",[3] baseando a sua argumentação em "princípios que estão implícitos nas instituições e práticas das sociedades democráticas liberais". Schuck, porém, escrevendo de um ponto de vista semelhante, sugere que, nos Estados Unidos, as mudanças nas últimas décadas "reduziram quase ao ponto de desaparecimento o valor marginal da cidadania em comparação com

---

1 Cf. p.66 desta edição.
2 Brubaker (Org.), *Immigration and the Politics of Citizenship in Europe and North America*.
3 Ibid., p.31.

o *status* de estrangeiro residente"[4] e observa que "um grande número de estrangeiros qualificados para se naturalizar não o fazem", sendo um motivo disso o fato de "muitos estrangeiros" continuarem a ter esperança de voltar ao país natal para lá viver.[5] Nesse contexto, Hammar apresenta a questão da dupla cidadania, indicando que, apesar do esforço internacional para limitá-lo, "o número de pessoas com mais de uma cidadania cresceu substancialmente nas últimas décadas e provavelmente continuará a crescer".[6] Ele também observa que há um grupo grande e crescente de "não cidadãos privilegiados", especialmente na Europa continental, os quais sugere que se denominem "habitantes", que têm o direito de se estabelecer no país, de lá trabalhar, receber benefícios sociais e, em certas circunstâncias, até votar.[7]

A dupla cidadania levanta importantes questões políticas em relação ao Estado-nação e à nacionalidade, especialmente no tocante às "duplas lealdades", e, a seguir, Hamman passa a examinar alguns problemas que surgem, tanto para os Estados quanto para os indivíduos, a partir da realidade de que "a formalmente simples noção de cidadania é, na verdade, muito complexa".[8] É provável que a questão da dupla cidadania se torne ainda mais importante na Europa, em outro sentido, à medida que a Comunidade Europeia avança rumo a uma união econômica e política mais estreita. Efetivamente, os cidadãos

---

4 Ibid., p.52.
5 Ibid., p.57.
6 Ibid., p.81.
7 Ibid., p.83-4.
8 Ibid., p.86.

da Comunidade Europeia terão cada vez mais uma espécie de dupla cidadania, já existente até certo ponto, na CE e na sua própria nação. Mas isso também coloca questões acerca da situação dos "habitantes" da futura Comunidade. A criação, a partir de 1992, de uma "Europa sem fronteiras" estabelecerá liberdade de movimento na CE para os que são formalmente cidadãos de um país-membro, mas não para os "habitantes" que estão fora dessa categoria, e alguns observadores receiam que o resultado seja uma "Fortaleza Europa" com restrições mais severas à entrada e à imigração de não cidadãos.

Mais genericamente, as discussões sobre a dupla cidadania colocam questões importantes a respeito da conexão entre cidadania, residência e os direitos do indivíduo. Esses direitos já estão, em uma extensão considerável, dissociados da cidadania formal, como notou Schuck no caso dos Estados Unidos, e como será (com as restrições que indiquei) na CE. Cada vez com mais frequência, os direitos civis e sociais e, com certas limitações, os direitos políticos são concedidos a todos os que moram e trabalham, ou são aposentados, em determinado país, independentemente da sua cidadania nacional. Por outro lado, o significado da cidadania formal deve ser encontrado principalmente no desejo de pelo menos uma proporção substancial da população nos Estados-nação de manter uma identidade distinta e separada, que é o produto de uma tradição histórica, de instituições há muito estabelecidas e de uma cultura nacional; e a importância de tal cidadania formal pode ser vista não só no caso dos Estados-nação existentes como também nos vários movimentos de "nações dentro dos Estados-nação" por mais autonomia ou independência completa. No entanto, esse tipo de ligação a determinada nação fica um tanto diminuído pelo crescimento da dupla cidadania, e, na Europa, pode ser ainda mais reduzido pelo processo de integração na CE, ainda que na Europa oriental, atualmente, haja um surto de movimentos nacionalistas e separatistas.[9]

Essa discussão deixará claro que a cidadania formal e a cidadania substantiva levantam questões de tipos muito diferentes; em um caso, acerca da identidade nacional e do papel histórico dos Estados-nação como a preeminente forma moderna de organização de uma comunidade; no outro, sobre os direitos, e particularmente os direitos sociais, dos indivíduos que vivem em uma comunidade. Portanto, devemos passar a considerar se agora a ideia de cidadania provê a estrutura conceitual mais útil na qual examinar o desenvolvimento dos direitos individuais. A alternativa seria conceber um corpo de direitos humanos que cada indivíduo deve possuir em qualquer comunidade em que ele more e/ou trabalhe, independentemente de origem nacional e de cidadania formal. Esse conjunto de direitos variará necessariamente entre diferentes grupos de países, dependendo em uma extensão considerável, especialmente no caso dos direitos sociais, do nível de desenvolvimento econômico

---

9 Mas, na Europa oriental, também há movimentos opostos para criar uma federação mais vasta, especialmente nas regiões da Europa Central que outrora faziam parte do império dos Habsburgos, embora as dificuldades sejam formidáveis (Ash, "Does Central Europe Exist?", em Schopflin; Wood (Orgs.), *In Search of Central Europe*). Ademais, a admissão de novos Estados-membros na CE, inclusive alguns da Europa Oriental, que parece possível durante a próxima década, ampliaria a área na qual prevalecem estruturas federalistas, em vez de nacionalistas.

e social, e confinarei a minha discussão principalmente às sociedades industrializadas avançadas.

Mesmo nesses países, entretanto, os direitos ainda estão em desenvolvimento, e, embora seja revelador em muitos aspectos conceber, como fez Marshall, uma progressão de direitos dos civis para os políticos e então para os sociais, isso tende a obscurecer o fato de que os direitos civis e políticos não se estabeleceram de uma vez, em uma forma quase perfeita, como a base a partir da qual os direitos sociais podem se desenvolver, mas também são capazes de mais extensão. Os direitos civis, inclusive a liberdade pessoal, a de pensamento e expressão, o direito de ter propriedade e o de ter acesso à justiça mediante os tribunais, estão mais ou menos bem estabelecidos, em várias formas, nos países industrializados, porém muitas questões referentes a eles ainda são calorosamente debatidas: se devem ser incorporados em uma declaração de direitos e na legislação concernente à liberdade de informação; em que medida a posse e o uso da propriedade (especialmente a propriedade produtiva) devem ser regulados; que medidas são necessárias para garantir que o acesso à justiça seja, não só em princípio, mas efetivamente igual para todos os membros da comunidade, sejam quais forem as suas circunstâncias econômicas e sociais.

Os países industrializados são, de modos diferentes, democracias políticas, mas aqui surgem demasiadas questões controversas atinentes a quão democráticos eles são; até que ponto suas instituições políticas e seus sistemas eleitorais permitem a expressão efetiva de diversas atitudes sociais e políticas, se o governo deve ser mais "aberto" e menos elitista, e se a democracia deve ser mais amplamente estendida, especialmente na esfera econômica, a fim de incentivar e facilitar a participação mais ativa na tomada de decisões em todos os níveis da vida social.[10] Também conviria levar em consideração a ideia de uma progressão geral dos direitos que, nas sociedades de socialismo de Estado da Europa oriental, até as mudanças recentes, se estabeleceram importantes direitos sociais, ao passo que os direitos civis e políticos foram severamente refreados. Depois do colapso dos regimes comunistas no fim de 1989 e das reformas cumulativas na União Soviética, restauraram-se ou se criaram pela primeira vez direitos civis básicos e a democracia política na forma de sistemas multipartidários e eleições livres; mas essa conquista leva essas sociedades ao ponto em que as questões mais amplas do exercício efetivo dos direitos civis e políticos passam a ser assuntos controversos. Em alguns países, os movimentos sociais que tiveram um papel de liderança na promoção das mudanças já estão marginalizados, ao passo que surgiram novos movimentos nacionalistas, bem como movimentos de classe e partidos. Ao mesmo tempo, importantes direitos sociais concebidos nas políticas sociais dos regimes anteriores (pleno emprego, habitação e transporte público de baixo custo, licença-maternidade e creches) estão ameaçados ou já sendo reduzidos.

De fato, em todos os países industrializados, os direitos sociais são os mais ferozmente debatidos, não só no que diz respeito à provisão para a educação, o atendimento médico, as aposentadorias, o seguro-desemprego e outros tipos de assistência social nos Estados de bem-estar social que diferem no

---

10 Sobre a questão da democracia e da participação, cf. Pateman, *Participation and Democratic Theory*, e, para uma avaliação crítica, Holden, *Understanding Liberal Democracy*, cap.3.

seu nível de desenvolvimento, mas no tocante ao âmbito dos direitos sociais em princípio, e o lugar que eles devem ocupar nas políticas sociais e societais[11] de um país industrializado avançado. Acaso os direitos sociais incluem coisas como habitação adequada, provida, se necessário, pelas autoridades públicas, emprego, certo grau de participação dos empregados na gestão das empresas e a proteção contra a discriminação por motivo de origem étnica ou de gênero? Essas questões dividem claramente os partidos políticos da esquerda e da direita, algo como indiquei anteriormente, mas também envolvem movimentos e organizações sociais interessados nos direitos de determinados grupos na população: mulheres, idosos, os muito pobres, os sem-teto, os desempregados e outros. Sem dúvida, esses grupos sofrem privações e problemas específicos dos quais a política social tem de se ocupar, mas a sua situação também deriva em grande medida de um estado de coisas decorrente das políticas societais dos partidos e dos governos.

Tais políticas, que são um fator importante na constituição, extensão ou contração de um corpo de direitos sociais, dependem das concepções de sociedade e das filosofias sociais que orientam as ações dos partidos políticos no seu esforço para influenciar o curso dos acontecimentos, seja no governo, seja na oposição. Eles o fazem em dois aspectos particularmente importantes; primeiro, na relação com a estrutura e a operação da economia, e, em segundo lugar, em relação ao grau de igualdade que deve existir entre cidadãos e residentes. Os partidos de direita tendem a encarar a sociedade como uma cole-

---

11 Uso esse termo no sentido que lhe deu Ferge (p.62 desta edição).

ção de indivíduos ligados entre si principalmente por relações contratuais como as existentes em uma economia de empresa privada, que fornece um modelo subjacente para as relações sociais. Entretanto, essa concepção pode se expressar de várias maneiras; em uma forma extrema, inspirada por uma leitura seletiva de Adam Smith, como a proposição proferida por um ex-primeiro-ministro, que "sociedade não existe", ou, em uma forma mais qualificada, na noção de uma "economia social de mercado". Ela é sempre qualificada, em outro sentido, por uma insistência na importância do Estado-nação (quer dizer, nas obrigações da cidadania formal) e uma aversão pela dupla cidadania. A ênfase no indivíduo e na empresa individual também implica uma aceitação de um alto grau de desigualdade econômica e social, e uma vez mais no caso extremo, de hostilidade ao que chamam de "cultura da dependência", muito embora, no período do pós-guerra, tal desigualdade tenha sido mitigada, em maior ou menor grau em diferentes países, por provisões de bem-estar social destinadas a beneficiar os muito pobres.

Os partidos de esquerda, por outro lado, são mais inclinados a conceber a economia como um processo de produção social de bens e serviços de todos os tipos (tanto públicos quanto privados) que deve ser regulado, e em certo grau planejado, para o benefício de todos os habitantes do país, implicando também mais igualdade entre esses habitantes. O Estado de bem-estar social geralmente é visto como uma importante agência igualadora, mas que precisa ser complementada por outra, mais medidas socialistas, inclusive a tributação progressiva do patrimônio e da renda e a propriedade pública de algumas áreas vitais da economia. O que é característico nas doutrinas dos partidos de esquerda é o reconhecimento da natureza social da produção e a ênfase nos meios pelos quais o produto social deve ser distribuído, de modo a proporcionar uma vida decente e confortável a todos os que vivem na sociedade.

No período do pós-guerra, porém, as doutrinas de muitos, se não de todos, os partidos conservadores e socialistas passaram por uma mudança paulatina, e surgiram diversas visões intermediárias, expressas em concepções como "economia mista", "economia social de mercado" ou "economia socialista de mercado". Consequentemente, agora a oposição entre partidos de direita e de esquerda é menos extrema do que era antes no século XX em muitos países europeus, conquanto isso tenha ocorrido em grande parte graças à influência crescente dos partidos socialistas no pós-guerra e ao seu sucesso no estabelecimento da estrutura básica do Estado de bem-estar social. No entanto, um conflito persiste, como observou Marshall, entre a tendência de uma economia capitalista de mercado a produzir mais desigualdade e a tendência e a intenção do Estado de bem-estar social de criar mais igualdade. O que ficou menos claro nas políticas de muitos partidos socialistas, em comparação com as ideias expostas por Durbin no fim do decênio de 1930,[12] é o papel que devem ter – para alcançar mais igualdade ou, a longo prazo, uma sociedade igualitária – outras medidas e, em particular, a propriedade pública e o planejamento econômico, ambos os quais têm efeitos sociais que vão muito além dos resultantes da ampla prestação de serviços de bem-estar. Os partidos socialistas, durante as últimas déca-

---

12 Cf. p.60 desta edição.

das, recuaram consideravelmente do seu compromisso histórico com a propriedade pública e o planejamento, em parte em reação à experiência das sociedades de socialismo de Estado, em parte por influência de novas doutrinas que enaltecem as virtudes da empresa privada e dos livres mercados e condenam a ineficiência das empresas de propriedade pública e a irracionalidade do planejamento.

Essas doutrinas, às quais me referi em outro lugar como um novo "folclore do capitalismo", têm sido mais influentes do que merecem se levarmos em conta as conquistas reais do planejamento e da empresa pública em grande parte da Europa ocidental desde a guerra,[13] mas colocaram questões importantes sobre quão extensa deve ser a propriedade pública e que tipo de relação entre o planejamento e os mercados pode alcançar ao mesmo tempo eficiência econômica ótima e uma distribuição menos desigual do produto social. Todavia, a situação enfrentada por todos os partidos políticos e movimentos sociais é ainda mais complexa se considerarmos duas outras questões que afetam profundamente o estado presente e futuro dos direitos humanos em escala mundial. Uma é a relação entre os países industrializados e os países mais pobres e menos desenvolvidos do Terceiro Mundo; a outra, o impacto do crescimento econômico, como tem sido concebido e implementado desde a guerra, sobre o ambiente natural. Quanto à primeira questão, pode-se argumentar que o desenvolvimento do pós-guerra das sociedades industriais foi, em grande medida, à custa dos países de baixa renda e de alguns de renda média, porque o domínio econômico daquelas possibilitou-lhes ditar os termos do

---

13 Bottomore, *The Socialist Economy*, cap.3.

comércio, do investimento e da ajuda.¹⁴ Entretanto, também é verdade que as políticas aplicadas por grupos dominantes, para enriquecimento próprio, nos próprios países mais pobres, geralmente criam uma dependência ainda maior com relação aos países industrializados e às corporações multinacionais e impedem o desenvolvimento econômico; enquanto em alguns países, e, no presente, especialmente em algumas partes da África, o insucesso no controle do crescimento da população aumentou muito as dificuldades.¹⁵ A partir dos anos 1980, dedicaram-se muitos estudos à que ficou conhecida como a divisão norte-sul (embora a expressão seja geograficamente um tanto enganadora),¹⁶ mas ainda não surgiram políticas inter-

---

14 Maddison, *The World Economy in the Twentieth Century*, mostrou que, entre 1950 e 1987, o PIB *per capita* da América Latina e da Ásia declinou relativamente ao dos países industrializados da OCDE (embora tenha havido certa melhora na Ásia a partir de 1973). Além disso, na década de 1980, um número crescente de países, especialmente na África e na América Latina, sofreu um declínio absoluto do PIB *per capita* (cf. *Socialist Economic Bulletin*, Londres, v.3, dez. 1990).

15 Cf. a discussão de Myrdal, *Asian Drama*, v.2, parte 6, no seu estudo da pobreza no Sul da Ásia, e mais recentemente de Tabah, "Population Growth", em Faaland (Org.), *Population and the World Economy in the 21ˢᵗ Century*.

16 Uma das mais conhecidas é a produzida pela Independent Commission on Development Issues [Comissão Independente sobre Questões de Desenvolvimento] presidida por Willy Brandt, que deu ampla aceitação à diferença norte-sul (Brandt Commission, *Common Crisis, North-South: Cooperation for World Recovery*). Ver também a discussão desse e de outros relatórios de Holm, "Brandt, Palme and Thorssen: A Strategy that Does not Work?", *IDS Bulletin*, Brighton: Institute of Development Studies at the University of Sussex, v.16, n.4, out. 1985.

nacionais eficazes que reduzissem significativamente a lacuna entre países ricos e pobres ou mesmo que impedissem a sua expansão; e enquanto essa lacuna for tão vasta, haverá grandes desigualdades na extensão dos direitos humanos, especialmente dos direitos sociais, entre as diferentes regiões do mundo.

O impacto do desenvolvimento econômico no ambiente provoca igualmente importantes questões acerca dos direitos sociais, afetando de várias maneiras os países industrializados, os em vias de industrialização e os não industrializados. Recentemente, tem-se dado destaque aos custos ambientais da industrialização rápida graças ao conhecimento das suas consequências na Europa oriental, conhecimento esse adquirido a partir das revoluções de 1989, mas o dano ambiental imposto pelas sociedades capitalistas industrializadas também é enorme, especialmente na sua primeira fase de desenvolvimento, e tem sido sentido em vastas regiões do Terceiro Mundo, assim como nos próprios países industrializados. Só nas duas últimas décadas foi que se começou a inspecionar esse estrago, mediante as ações dos movimentos ecológicos e dos recém-formados partidos verdes que desafiam as concepções tradicionais de crescimento econômico. Mas esses novos movimentos e partidos ainda têm dificuldade para atrair o apoio dos partidos mais antigos, e a sua principal influência até agora tem sido a modificação das políticas destes para levar mais em conta as questões ambientais.

Hoje é evidente que os chamados direitos de cidadania, aos quais agora me refiro em um contexto mais amplo como direitos humanos, estão em um processo contínuo de desenvolvimento que é profundamente afetado pelas condições externas cambiantes (especialmente na economia), pelo surgimento de novos problemas e a busca de soluções novas. Um fator importante e mais ou menos constante nesse processo, como enfatizei, é a antítese entre a estrutura desigual e as consequências de uma economia capitalista e as reivindicações de mais igualdade feitas por diversos movimentos sociais desde o fim do século XVIII. Nessa oposição geral de interesses e valores diferentes, o conflito entre as classes e os partidos baseados em classe ainda desempenha um papel importante como fonte principal de políticas destinadas a limitar ou ampliar o âmbito dos direitos humanos e, em particular, o grau de provisão coletiva para satisfazer as que são definidas como as necessidades básicas de todos os membros de uma sociedade em vários estágios de desenvolvimento. Contudo, está claro que, no fim do século XX, outros tipos de desigualdade à parte as de classe – entre países ricos e pobres, entre os sexos, entre os grupos étnicos – tornaram-se mais evidentes do que eram, mesmo que em alguns casos eles possam ser compreendidos, em parte, como as desigualdades engendradas pelo capitalismo.

Olhando para 1949, podemos ver que a discussão dos direitos naquela época foi profundamente afetada por alguns fatores específicos: a vívida lembrança do desemprego, da pobreza, da assistência médica e da educação inadequadas; a mudança nas atitudes sociais ocasionada pela guerra e, particularmente, o crescimento do movimento socialista europeu; e, na Grã-Bretanha, o compromisso do governo trabalhista do pós-guerra de superar os males sociais dos anos 1930, em parte pela criação do Estado de bem-estar social, em parte por meio de mais medidas socialistas, como as que Durbin havia previsto, a fim de realizar, gradualmente, uma transformação radical da economia e do sistema de classe.[17] O ensaio de Marshall fez uma contribuição seminal para essa discussão ao estabelecer diferenças entre as três áreas dos direitos civis, políticos e sociais, ao explorar a relação entre eles e ao enfatizar a importância crescente dos direitos sociais no século XX. Em retrospectiva, esse estudo pode ser visto como a formulação de alguns princípios gerais para o Estado de bem-estar social e, até certo ponto, como o prenúncio das economias mistas do capitalismo de bem-estar que surgiram posteriormente, ao mesmo tempo que reconhecia as tensões que provavelmente persistiriam naquela forma de sociedade entre tendências igualitárias e não igualitárias. Essas tensões se agudizaram mais no fim da década de 1970, e Marshall, depois de ter contribuído substancialmente para os estudos do Estado de bem-estar social e dos seus problemas em sucessivas edições do livro *Social Policy*,[18] em um ensaio de 1981[19] retornou a uma consideração sobre a relação entre capitalismo, socialismo e bem-estar social, durante a qual afirmou sem rodeios que a economia mista "não bastava", particularmente na esfera da política que se preocupava com a prevenção da pobreza, não com a sua atenuação. Atualmente, a concepção de cidadania de Marshall geralmente é invocada para enfatizar a importância dos direitos civis e políticos, tanto em si mesmos quanto como meios para a expansão dos direitos sociais – mais particularmente com referência ao colapso das ditaduras comunistas na Europa oriental –, mas duvido que ele se entusiasmasse com uma ampla restauração

---

17 Durbin, *The Politics of Democratic Socialism*.
18 Marshall, T. H., op. cit.
19 Cf. p.59-61 desta edição.

do capitalismo *laissez-faire* como resultado daquele colapso, e poderia perfeitamente simpatizar, ainda que criticamente, com os vários projetos de "socialismo democrático com mercados", que tencionam criar o tipo de nova ordem social, combinando a eficiência econômica com a justiça social, que ele preconizava.

Foi, em todo caso, a partir de tal ponto de vista que empreendi esta nova análise do desenvolvimento dos direitos, no espírito do ensaio de Marshall, e empenhei-me, como ele, em formar novas concepções que ajudassem a iluminar os caminhos ao longo dos quais mais progresso é possível. Mas, em certos aspectos, como ficará claro, divergi da sua abordagem. Em primeiro lugar, levando em conta as questões muito diferentes que são levantadas pela cidadania formal e a substantiva, cheguei à conclusão de que devemos examinar os direitos civis, políticos e sociais no marco de uma concepção de direitos humanos gerais, não de cidadania. Também argumentei que os direitos humanos precisam ser considerados em escala global, sobretudo no contexto das enormes desigualdades entre nações ricas e pobres. Ademais, dei mais atenção às desigualdades étnicas e de gênero, que coexistem com as de classe e, em alguns tempos e lugares, são mais proeminentes; mas, ao mesmo tempo, enfatizei mais vigorosamente do que Marshall o papel histórico que as classes e o conflito entre elas tiveram na limitação ou ampliação da gama dos direitos humanos. No mesmo contexto, também aleguei que *todos* os direitos humanos – civis, políticos e sociais – se desenvolvem continuamente e não se deve considerar, em nenhum momento histórico, que eles tenham atingido uma forma final, definitiva. A mim me parece que a inventividade social do ser humano é tão grande quanto a sua capacidade de inovações tecnológicas. Por último, enfatizei, talvez com mais veemência do que Marshall, as restrições econômicas e de classe sobre o exercício efetivo dos direitos formalmente estabelecidos e, dessa perspectiva, atribuí maior importância a uma reconstrução socialista da economia que reduza muito a concentração de riqueza e do poder econômico nas mãos de determinada classe.

A situação e o desenvolvimento dos direitos humanos no mundo atual apresentam características contraditórias. Em muitos países, os direitos sociais incorporados nas instituições do Estado de bem-estar social tornaram-se menos seguros em consequência da recessão econômica, e, em alguns casos, tem havido mais dependência das forças do mercado do que dos gastos públicos.[20] Ao mesmo tempo, a lacuna entre países ricos e pobres vem se ampliando permanentemente e, no mundo como um todo, a pobreza não faz senão crescer. Por outro lado, as revoluções na Europa oriental e as contínuas reformas na União Soviética estabeleceram direitos civis e políticos fundamentais, ainda que muitos direitos sociais se tenham perdido no processo; ao passo que, na Europa ocidental, a "carta social" proposta pela Comunidade Europeia é uma tentativa notável de ampliar o alcance dos direitos sociais. Para a Europa como um todo, agora há uma perspectiva de expandir, na década de 1990, os direitos humanos de modo a abranger muitas das novas questões que tenho discutido, mas isso só vai acontecer, na minha opinião, na medida em que as políticas sociais e societais forem informadas por uma concepção de pro-

---

20 Alguns dos problemas e complexidades do Estado de bem-estar social na Grã-Bretanha, que já eram visíveis na década de 1980, são indicados em Marshall, T. H., *Social Policy*, no capítulo final de Rees.

dução social como a produção planejada de bem-estar social, ou bem-estar, que também pressupõe uma divisão equitativa do produto entre os membros da sociedade. A longo prazo, são necessárias políticas para alcançar uma distribuição mais equitativa do produto do trabalho social em escala mundial, e, sem dúvida, é aqui que é preciso enfrentar os problemas mais assustadores e espinhosos. A alternativa a solucioná-los, no entanto, é a persistente existência de um mundo fendido pela discórdia e o conflito, no qual ilhas de bem-estar estão cercadas de oceanos de miséria.

Referências bibliográficas

ASH, Timothy Garton. Does Central Europe Exist? In: SCHÖPFLIN, George; WOOD, Nancy (Orgs.). *In Search of Central Europe*. Oxford: Polity; Blackwell, 1989.

ASKWITH, Lord. *Industrial Problems and Disputes*. Londres: John Murray, 1920.

BANKS, Olive. *Faces of Feminism*. Oxford: Martin Robertson, 1981.

BARRETT, Michele. *Women's Oppression Today*. 2.ed. Londres: New Left Books, 1988.

BEAUVOIR, Simone de. *The Second Sex* (1949). Harmondsworth: Penguin Books, 1983. [Ed. bras.: *O segundo sexo*. Rio de Janeiro: Nova Fronteira, 2020.]

BOTTOMORE, Tom. *Classes in Modern Society*. 2.ed. Londres: Unwin Hyman, 1991. [Ed. bras.: *As classes na sociedade moderna*. Rio de Janeiro: Zahar, 1968.]

BOTTOMORE, Tom. *The Socialist Economy*: Theory and Practice. Hemel Hempstead, Inglaterrra: Harvester-Wheatsheaf, 1990.

BOWIE, J. A. Management and the Closed Shop. *Industry*, p.15-7, jan. 1949.

BRANDT COMMISSION. *Common Crisis, North-South*: Cooperation for World Recovery. Londres: Pan Books, 1983.

BRAVERMAN, H. *Labour and Monopoly Capital.* Nova York: Monthly Review Press, 1974. [Ed. bras.: *Trabalho e capital monopolista.* Rio de Janeiro: Zahar, 1977.]

BROWN, Phelps. Prospects of Labour. *Economica*, New Series, v.16, n.61, p.1-10, fev. 1949.

BRUBAKER, W. Rogers. *Citizenship and Nationhood in France and Germany.* Cambridge, Mass.: Harvard University Press, 1992.

BRUBAKER, W. Rogers (Org.). *Immigration and the Politics of Citizenship in Europe and North America.* Lanham; Nova York; Londres: University Press of America, 1989.

COLQUHOUN, Patrick. *A Treatise on Indigence*: Exhibiting a General View of the National Resources for Productive Labour. Londres: J. Hatchard, 1806.

DALTON, Hugh. *Some Aspects of the Inequality of Incomes in Modern Communities.* Londres: Routledge, 2010.

DURBIN, E. F. M. *The Politics of Democratic Socialism.* Londres: Routledge, 1940.

FERGE, Zsuzsa. *A Society in the Making*: Hungarian Social and Societal Policy, 1945-1975. Harmondsworth: Penguin, 1979.

FURNISS, E. S. *The Position of the Laborer in a System of Nationalism*: A Study in the Labor Teories of the Later English Mercantilists. Boston; Nova York: Houghton Mifflin, 1920.

GALLIE, Duncan. *In Search of the New Working Class.* Cambridge: Cambridge University Press, 1978.

GLASS, Ruth. *The Social Background of a Plan*: A Study of Middlesbrough. Londres: Routledge & Kegan Paul, 1948.

GINSBERG, M. *Studies in Sociology.* Londres: Methuen & Co., 1932.

GOLDTHORPE, John H. et al. *The Affluent Worker in the Class Structure.* Cambridge: Cambridge University Press, 1969.

GOLDTHORPE, John H.; LOCKWOOD, David. Affluence and the British Class Structure. *Sociological Review*, v.11, n.2, jul. 1963

GRANT, R. A. D. The New Right. In: OUTHWAITE, William; BOTTOMORE, Tom (Orgs.). *Blackwell Dictionary of Twentieth Century Social Thought.* Oxford: Blackwell, 1992.

HECKESCHER, E. F. *Mercantilism*. v.I. Londres: George Allen & Unwin, 1935.

HILFERDING, Rudolf. *Finance Capital*: A Study of the Latest Phase of Capitalist Development (1910). Londres: Routledge & Kegan Paul, 1981. [Ed. bras.: *Capital financeiro*. São Paulo: Nova Cultural, 1985.]

HIRSCH, Fred. *Social Limits to Growth*. Londres: Routledge & Kegan Paul, 1977.

HOLDEN, Barry. *Understanding Liberal Democracy*. Hemel Hempstead, Inglaterra: Philip Allan, 1988.

HOLLAND, Stuart (Org.). *Out of Crisis*: A Project for European Recovery. Nottingham: Spokesman Books, 1983.

HOLM, Hans-Henrik. Brandt, Palme and Thorssen: A Strategy that Does not Work? *IDS Bulletin*, Brighton: Institute of Development Studies at the University of Sussex, v.16, n.4, out. 1985.

KING, D. *The New Right*: Politics, Markets and Citizenship. Londres: Macmillan, 1987.

LISTER, Ruth. *The Exclusive Society*: Citizenship and the Poor. Londres: Child Poverty Action Group, 1990.

MADDISON, Angus. *The World Economy in the Twentieth Century*. Paris; Londres: OECD; Methuen, 1989.

MADDISON, Angus. *Phases of Capitalist Development*. Oxford: Oxford University Press, 1982.

MAINE, Henry S. *Ancient Law*. Londres: John Murray, 1878.

MAITLAND, Frederic W. *Constitutional History of England*. Org. H. A. L. Fisher. Cambridge: Cambridge University Press, 1961.

MALLET, Serge. *The New Working Class*. Nottingham: Spokesman Books, 1975.

MANDEVILLE, Bernard. *The Fable of the Bees*. 6.ed. Londres: J. Brotherton, 1732. [Ed. bras.: *A fábula das abelhas*: ou vícios privados, benefícios públicos. 1.ed. São Paulo: Editora Unesp, 2018.]

MARSHALL, Alfred. *The Future of the Working Classes*. 16p. Londres: Thomas Tofts, 1873.

MARSHALL, Alfred. The Future of the Working Classes (1873). In: PIGOU, Arthur C. (Org.). *Memorials of Alfred Marshall*. Londres: Macmillan, 1925.

MARSHALL, Thomas H. *Citizenship and Social Class*: And other Essays. Cambridge: Cambridge University Press, 1950.

MARSHALL, Thomas H. *Social Policy*. 5.ed. compl. A. M. Rees. Londres: Hutchinson, 1985. [Ed. bras.: *Política social*. Rio de Janeiro: Zahar, 1967.]

MARSHALL, Thomas H. *The Right to Welfare and other Essays*. Londres: Heinemann, 1981.

MARSHALL, Thomas H. Value Problems of Welfare-Capitalism. *Journal of Social Policy*, v.1, n.1, p.15-32, 1972. (reimp. em *The Right to Welfare and other Essays*. Londres: Heinemann, 1981.)

MARSHALL, Thomas H. *Citizenship and Social Class*: And other Essays. Cambridge: Cambridge University Press, 1950.

MARX, Karl. Introduction. Critique of Hegel's Philosophy of Right (1844). Org. Joseph O'Malley. Cambridge: Cambridge University Press, 1978. [Ed. bras.: *Crítica da Filosofia do Direito de Hegel*. Trad. Rubens Enderle e Leonardo de Deus. São Paulo: Boitempo, 2010.]

MYRDAL, Gunnar. *Asian Drama*. 3v. Nova York: Pantheon Books, 1968.

OFFE, Claus. The Separation of Form and Content in Liberal Democratic Politics. *Studies in Political Economy*, v.3, n.1, p.5-16, 1980.

PANITCH, Leo. The Development of Corporatism in Liberal Democracies. *Comparative Political Studies*, v.10, n.1, abr. 1977.

PATEMAN, Carole. *Participation and Democratic Theory*. Cambridge: Cambridge University Press, 1970.

PIGOU, Arthur C. (Org.). *Memorials of Alfred Marshall*. Londres: Macmillan, 1925.

POLLARD, Albert F. *The Evolution of Parliament*. Londres; Nova York: Longmans, Green and Company, 1920.

POSTAN, M. M. *Economic History of Western Europe, 1945-1964*. Londres: Methuen, 1967.

RENNER, Karl. *Wandlungen der modernen Gesellschaft*: Zwei Abhandlungen über die Probleme der Nachkriegszeit. Viena: Wiener Volksbuchhandlung, 1953.

Report of the Royal Commission on Population. Cm. 7695. Londres: Stationery Office, jun. 1949.

ROBERTSON, C. Grant. *England under the Hanoverians*. Londres: Methuen & Co., 1911.

ROBBINS, Lionel. *The Economic Problem in Peace and War*. Londres: Macmillan, 1947.

ROBSON, William A. *Welfare State and Welfare Society*. Londres: Allen & Unwin, 1976.

ROUTH, G. *Occupation and Pay in Great Britain 1906-1979*. Londres: Macmillan, 1980.

RYDÉN, Bengt; BERGSTROM, Villy (Orgs.). *Sweden*: Choices for Economic and Social Policy in the 1980s. Londres: Allen &Unwin, 1982.

SCASE, Richard. *Social Democracy in Capitalist Society*: Working Class Politics in Britain and Sweden. Londres: Groom Helm, 1977.

SCHUMPETER, J. A. The March into Socialism, 1949. Discurso para a American Economic Association. In: *Capitalism, Socialism and Democracy*. 6.ed. Londres: Allen & Unwin, 1987.

SCHUMPETER, J. A. *Capitalism, Socialism and Democracy* (1942). 6.ed. Londres: Allen & Unwin, 1987. [Ed. bras.: *Capitalismo, socialismo e democracia*. São Paulo: Editora Unesp, 2017.]

Socialist Economic Bulletin, Londres, v.3, dez. 1990.

SZALAI, A. et al. (Orgs.). *The Use of Time*. Haia: Mouton, 1972.

TABAH, L. Population Growth. In: FAALAND, Just (Org.). *Population and the World Economy in the 21st Century*. Oxford: Blackwell, 1982.

TAWNEY, R. H. *Equality*. 4.ed. Londres: Allen & Unwin, 1952.

TAWNEY, R. H. *Secondary Education for All*. Londres: George Allen & Unwin, 1922.

TAWNEY, R. H. *The Agrarian Problem in the Sixteenth Century*. Londres; Nova York: Longmans, Green and Co., 1912.

TINBERGEN, J. Planning, Economic (Western Europe). In: *International Encyclopaedia of the Social Sciences.* v.12. Nova York: Macmillan and The Free Press, 1968.

TITMUSS, Richard M. *Income Distribution and Social Change.* Londres: Allen & Unwin, 1962.

TITMUSS, Richard M. The Social Division of Welfare: Some Reflections on the Search for Equity (1956). In: *Essays on "The Welfare State".* Londres: Allen & Unwin, 1958.

TREVELYAN, G. M. *English Social History.* Nova York: Longmans, Green and Co., 1942.

TURNER, Bryan S. *Citizenship and Capitalism.* Londres: Allen & Unwin, 1986.

VAN DER PIJL, Kees. The International Level. In: BOTTOMORE, Tom; BRYM, Robert J. (Orgs.). *The Capitalist Class; an International Study.* Hemel Hempstead, Inglaterra: Harvester-Wheatsheaf, 1989.

WEBB, Beatrice. *Our Partnership.* Nova York: Longmans, Green and Co., 1948.

WEBB, Sidney. Historic. In: SHAW, G. Bernard (Org.). *Fabian Essays in Socialism.* Londres: Fabian Society and Allen & Unwin, 1931.

WEBB, Sidney; WEBB, Beatrice. *History of Trade Unionism.* Nova York: Longmans, Green and Co., 1920.

Índice remissivo

A
Alemanha
 conceito de nacionalidade, 132
 migração e cidadania, 141-2
Alemanha Ocidental, Estado de bem-estar social na, 153-4
ambiente, efeito do crescimento econômico no, 158-60, 177
Artífices, Estatuto dos (1563), 28-30
Asquith, H. H. e sindicatos, 84-5
Assentamento e Remoção, Lei de, 26-7
Áustria
 Estado de bem-estar social, 153-4, 156-7
 socialismo na, 115-6, 126, 137-8
averiguação de posses, 26-7, 69-70

B
bem-estar social, econômico, como direito social, 23-4

burocracia, 121-2
 e alienação do indivíduo, 161-2

C
Canadá, 131, 136-7
capitalismo
 "administrado", 115-6, 145-6
 desigualdade inerente a, 46-9
 e direitos cívicos e políticos, 33-4, 55-6
 injustiça social no, 118
 ressurgimento, 175-7
capitalismo de bem-estar, 115-6, 147-8
caridade, como meio de mitigação da pobreza, 46, 138-40
"carta social" (Comunidade Europeia), 136-7, 140-1, 157-8, 163, 181-2
cidadania
 conceito de classe operária, 147-8

conflito com o sistema de classe capitalista, 42-3, 82-3, 93-4, 124-6, 142
definição de, 42-3
desenvolvimento da, 46-8, 53-5, 106-7
deveres da, 20-1, 85-6
diferença entre formal e substantiva, 129-30, 169-70, 180-1
direitos formais da, 25, 135-6, 142, 165-9
direitos substantivos da, 133-4, 135-40, 142
dupla, 136-7, 166-7
e dever de trabalhar muito, 94-6
e diferenças de *status*, 91-2
e direitos humanos, 169-70
e educação, 37-8
e princípio de igualdade, 20-2, 42-3, 46-8, 142
e sindicalismo, 83-4
Poor Law e, 35-7
ver também direitos cívicos; direitos políticos; direitos sociais
cidades medievais, cidadania nas, 24-5, 28-31, 145-6
classe média
expansão da, 149-51
papel no crescimento dos direitos cívicos e políticos, 106-7, 145-6
classe operária, 16-20, 150-1
mudanças na, 149-50, 151-3
papel no desenvolvimento dos direitos políticos e sociais, 145-8
classe social, 41-2, 43-4
efeito do planejamento econômico, 147-9
efeito dos serviços sociais na, 70-2
influência na cidadania, 145-6
sistema de *status* hierárquico, 43-4
classe, *ver também*, classe social
classificação social
na educação, 81-2
na negociação coletiva, 86-7
coletivismo, 8, 151-5
ver também individualismo; socialismo
"compromisso de classe", 115-6, 145-6
Comunidade Europeia (CE)
carta social, 136-7, 140-1, 157-8, 163, 181-2
cidadania da, 136-7, 140-1, 167-8
extensão dos direitos humanos, 180-2
maioria socialista na, 157-8
mercado único, 141-2, 163
conflito de classe, e direitos humanos, 177-8
contrato, 23, 34, 36-7, 56-7, 66-7, 89, 94-5
direitos cívicos e, 88-9
e *status*, 46-8, 82-3, 85-6
na filosofia direitista, 172-3
corporativismo ("capitalismo administrado"), 115-6, 145-6

costume, obstáculo para os cívicos, 28-30, 46-8
crescimento econômico
  declínio do, 158-161
  e desenvolvimento da cidadania substantiva, 142-3
  e mudanças na estrutura de classe, 149-50
  e provisão de serviços de bem-estar, 118-20, 121-2
  efeito no ambiente, 158-60, 177
  preocupação com, 113-6

D

democracia industrial, 157-60, 163
democracia, 30-1, 38-9, 54-5, 91-2
  industrial, 157-63
  nas nações industrializadas, 170-1
  ver também direitos políticos
desemprego, 137-8, 143
  efeito no Estado de bem-estar social, 145-6, 153-5, 158-60
desigualdade econômica
  e direitos políticos, 50-1
  e justiça, 52-3
desigualdade social
  e cidadania democrática, 80-2, 91, 108-9
  e direito a remédio jurídico, 50
  e *status*, 87-9
  efeito dos serviços sociais na, 69-74
  na sociedade feudal, 23-5
  perigos da excessiva, 44-6

dever
  de trabalhar, 94-6
  e direitos, 20-2, 85-6, 94
direitos cívicos, 23-4, 170
  como uma luta da classe média, 106-7, 148-50
  crescimento dos direitos coletivos, 56-7, 83-4
  desenvolvimento dos, 25, 26-31, 48-9, 51-2, 55-6
  e o livre mercado, 88-9
  e representação parlamentar, 57-8
  nos Estados totalitários, 122
  ver também justiça
direitos de propriedade, 23-4, 48-9, 122-3, 170
direitos humanos
  e cidadania, 169-70, 180-1
  e conflito de classe, 177-8, 180-1
direitos políticos
  ameaça ao capitalismo, 55-6
  definição, 23-4
  desenvolvimento, 26-7, 31-2
  limitações dos, 50
  luta da classe operária, 145-6
  na Comunidade Europeia, 140-1
  nas nações industrializadas, 170-2
  restritos nos Estados totalitários, 122
direitos sociais
  campanha se sindicatos e socialistas, 145-6
  definição de, 23-5, 170-2
  desenvolvimento inicial dos, 25-7, 33-9, 61-2

distribuição desigual dos, 135-7
  na Comunidade Europeia, 140-1,
    157-8, 163
  na União Soviética e na Europa
    Oriental, 121-4
  solapados, 138-40
  ver também serviços sociais;
    Estado de bem-estar social
distinção de classe, e diferenças
  econômicas, 93-4
diversidade étnica, e cidadania,
  135-6, 177-8, 180-1

E

economia de mercado
  conflito com bem-estar social,
    118, 157-8
  ver também livre mercado
educação
  ajuda ao capitalismo, 48-9, 78-9
  competição na, 39, 77-8
  desenvolvimento nos século
    XIX, 16-8, 20-1, 37-9
  e divisão de classe, 71-2, 81-2,
    94-5, 107-9
  e ocupação, 78-9
  ensino elementar/fundamental,
    38-9, 41, 48-9, 71-2
emprego
  internacionalização do, 141-2
  ver também desemprego
envelhecimento das populações,
  69-70, 143, 155-6, 158-60
Espanha, separatismo na, 136-7
Estado de bem-estar social

cria novas hierarquias, 126
declínio do, 116-8, 140-1
desenvolvimento no pós-guerra,
  113-5, 153-5
diferenças partidárias sobre,
  158-61
metas e limitações, 124-6, 137-8
Estado
  e conflito entre direitos cívicos
    e contrato, 88-9
  e educação compulsória, 17-8,
    20-1, 37-9, 78-9
  e sindicalismo, 84-7
  e suprimento do mínimo
    garantido, 69, 71-2, 74-6
  intervenção, 84-5, 126, 145-6
  planejamento econômico, 111-6,
    147-8, 174-5
Estados Unidos
  cidadania e direitos, 129-31,
    165-7
  declínio do Estado de bem-estar
    social nos, 137-8, 143, 145-6,
    156-7
  movimento de direitos cívicos,
    135-6
estrutura salarial, hierarquia
  convencional, 97-101
Europa oriental, 113-5
  direitos cívicos e políticos na,
    122-3, 170-1, 181-2
  direitos sociais na, 157-8
  e burocracia pública, 161-2
  mudanças na, 122-6, 150-1
  mulheres na, 134-5
  natureza da cidadania, 121-2

surto de nacionalismo, 136-7, 168-9

F
Factory Acts (leis fabris), 36-7
França
conceito de nacionalidade, 132-3
expansão do Estado de bem-estar social, 151-4, 155-6

G
governo
desenvolvimento do nacional, 25
ver também governo local; partidos políticos, Estado
governo local, 23-4, 25
Grã-Bretanha
aumento da desigualdade, 140-1, 143
declínio do Estado de bem-estar social, 137-8, 140-1, 154-6
sem conceito claro de cidadania, 132-3
greves
antes da Primeira Guerra Mundial, 84-5
extraoficiais, 85-6

H
habeas corpus (Toleration Act, 1679), 27-8
habitação
e subordinação do contrato ao *status*, 85-6

obrigação do Estado para com, 74-6
Hungria, 117-8, 134-5

I
igualdade social, 20-1, 68, 71
limites da, 15-7, 21-2, 93-4
princípio de, 21-2, 53-4, 62-3, 111-2, 142
igualdade *ver* igualdade social
imigração *ver* migração e cidadania
imprensa, campanha pela liberdade de, 27-8
in forma pauperis, 52-3
incentivo, 88-93
de lealdade, 94-6
individualismo, 172-3
de direitos cívicos, 56-7
entre operário abastados, 151-3
Irlanda do Norte, 136-7
Iugoslávia, 113-5, 122-3, 163

J
justiça
direitos à, 23-4, 48-50, 51-2
esquema de assistência jurídica, 52-3, 63-7, 138-40
estabelecimento de instituições, 25, 27-8
lei estatutária e direitos econômicos, 28-30

K
Keynes, J. Maynard, 14-5

L

lei comum, 25, 43-4, 54-5
Lei da Educação (Lei de 1944), 78
Lei de Assistência Nacional
  (1948), 65
Lei de Representação do Povo
  (1918), 33-4, 57-8
  direitos e deveres, 94
  individuais e coletivos, 74, 78
  separação de, 25-7
  ver também direitos cívicos;
    direitos humanos; direitos
    políticos; direitos sociais
lei *ver* justiça
liberdade, *status* da, 30-2
Life and Labour of the People in
  London (Booth, 1889-1903),
  61-2
livre mercado, 17-8, 20-1
  e incentivos, 87-8, 91-2
  e medidas igualitárias, 96-101
  ver também economia de mercado

M

Maitland, F., 24-5
Marshall, Alfred, 13-4, 105, 111-2
  O futuro das classes trabalhadoras
    (*The Future of the Working
    Classes*), 15-21
Marshall, T. H., influência de,
  178-81
Middlesbrough, remoção de favela,
  74-6
migração, e cidadania, 129-31, 141-2,
  165-6

mínimo garantido, de serviços
  sociais, 69, 71-3
movimento Carta 88, 140-1
movimento dos direitos cívicos
  (Estados Unidos), 135-6
movimento feminista, crescimento
  do, 151-3
mulheres
  desenvolvimento dos direitos,
    30-1, 36-7, 133-4
  e desigualdade de gênero, 133-5,
    177-8, 180-1
  emancipação, 33-4

N

nacionalismo
  crescimento no século XVIII,
    54-6
  e cidadania, 131-2, 169-70
National Health Service, 68, 70-1
  efeito na classe social, 72-3
negociações coletivas
  classificação social nas, 86-7 e
    direitos sociais, 82-3
  reconhecimento das, 55-6
  ver também sindicatos
Nova Direita, conceito de bem-
  -estar social, 138-40, 158-60

O

ocupação, educação e, 78-9
Organização para a Cooperação e
  Desenvolvimento Econômico
  (OCDE), 112-3

P

padrão de vida, 69-73, 107-8
  aumento do consumo, 61-2, 94-5
países industrializados, 170-2
  e Terceiro Mundo, 175-7
parlamento
  direitos políticos e, 23-4
  membros do, 57-8
  natureza nacional do, 26-7
participação de operários, 156-7, 158-60, 163
partidos políticos
  abordagem do bem-estar social, 160-1
  classe operária (socialista), 145-6, 158-60, 172-3, 175-7
  concepções de sociedade, 172-3
  conservadores, 158-60, 174-5
  e despesa pública, 158-60
  reorientação no fim dos anos 1960, 151-3
partidos verdes, desenvolvimento dos, 151-3, 177
pensões de idosos, 69
planejamento urbano, 76-7
Plano Marshall para a recuperação da Europa (1948), 112-3
Pobre Idoso, Comissão Real sobre, 61-2
pobreza, 44-6
  e capitalismo, 124-6
  e dever de trabalhar, 94-5
  e Estado de bem-estar social, 137-8
política social, e Estado de bem-estar social, 116-8, 120-2
política societal, 119-20, 123-6
  e direitos sociais, 171-2
Poor Law
  administração local da, 25-6
  ajuda ao capitalismo, 48-9
  elisabetana, 34-5
  Lei (1834), 34-7
preço de mercado, 63-4, 65-7
preconceito de classe, e justiça e direitos políticos, 49-50
preços escalonados, 63-9
  ver também mínimo garantido
produção em massa, efeito no padrão de vida, 61-2
produção social, conceito de, 173-4, 181-2
Projeto de Lei de Assistência e Aconselhamento Jurídicos (1949), 52-3, 63-7
propriedade pública
  extensão nos Estados socialistas, 148-9, 157-8
  questões acerca da, 175-7

R

Receitas Pessoais, Livro Branco (1948), 87-9, 91-2
redução das classes, meta dos direitos sociais, 62-3, 66-7, 69
Reform Act (1832), 27-8, 41

Reform Act (1918) *ver* Lei de
  Representação do Povo (1918)
regulação salarial, declínio da, 34
remoção de favela, 74-6
rendas *ver* salários e rendas
representação parlamentar, 25,
  26-7, 30-2
  preconceito de classe e, 49-50
Royal Commission on the Aged
  Poor, 61-2

S
salários e rendas
  diferenciais, 61-2, 67-8
  dinheiro e reais, 97-8
  e *status*, 86-7, 97-8
saúde *ver* National Health Service
seguro social (seguro nacional),
  69-71
serviços de bem-estar, voluntários,
  162
serviços sociais
  e direitos/expectativas do
    cidadão, 73-4
  padrão de vida em ascensão,
    71-2, 107-8
  ver também National Health
    Service; Estado de bem-estar
    social
sindicatos
  campanha pelos direitos sociais,
    145-6
  e deveres da cidadania, 85-6
  e direitos cívicos coletivos, 56-7,
    83-4

funcionários, 57-8
sistema de aconselhamento
  jurídico, 52-4, 63-7, 138-40
sistema de Speenhamland de
  auxílio aos pobres, 35
sistema feudal
  direitos no, 24-5
  efeitos da cidadania no, 43-4
socialismo
  a desilusão de Alfred Marshall
    com, 17-8, 21-2
  democrático (E. F. M. Durbin),
    116, 118-9
  e Estado de bem-estar social,
    118-9
  e planejamento econômico, 173-5
  seu crescimento no pós-guerra,
    108-9, 112
socialismo democrático (E. F. M.
  Durbin), 115-6, 118-20, 142,
  178-80
status
  e conceito de salário justo, 86-8
  e contrato, 46-8, 82-3, 85-6
  estabilização das diferenças,
    91-2
  na sociedade feudal, 24-5
Suécia
  conceito de nacionalidade, 132-3
  expansão do Estado de bem-
    -estar social, 153-4, 157-8
  socialismo na, 113-5, 124-6,
    137-8
sufrágio *ver* representação
  parlamentar

T
Tawney, R. H., sobre a igualdade, 107-8
Terceiro Mundo
 direitos sociais no, 157-8
 e países industrializados, 175-7
 para esquema de assistência jurídica, 63-7
Toleration Act (Lei da Tolerância, 1689), 27-8
trabalho
 dever de, 94
 direito a, 28-30
Trades Union Congress (TCU), e diferenciais salariais, 87-8
Tribunais de Condado, estabelecimento (1846), 52-3, 64, 66-7
tributação, direta e graduada, 61-2

U
União Soviética
 natureza da cidadania, 122-4
 reformas na, 122-3, 170-1, 181-2

W
Wilkes, John, 27-8

SOBRE O LIVRO

Formato: 14 x 21 cm
Mancha: 23 x 44 paicas
Tipologia: Venetian 301 12,5/16
Papel: Off-white 80 g/m² (miolo)
Cartão Supremo 250 g/m² (capa)
1ª edição Editora Unesp: 2021

EQUIPE DE REALIZAÇÃO

Edição de texto
Tulio Kawata (Copidesque)
Luciana Moreira (Revisão)

Capa
Negrito Editorial

Editoração eletrônica
Eduardo Seiji Seki

Assistência editorial
Alberto Bononi
Gabriel Joppert